Evolution   Religiosität   Gott

Michael Arnold

Evolution
Religiosität
Gott

Eine Antwort auf Richard Dawkins

**STAUFFENBURG
VERLAG**

Bibliografische Information der Deutschen Nationalbibliothek

Die Deutsche Nationalbibliothek verzeichnet diese Publikation in der Deutschen Nationalbibliografie; detaillierte bibliografische Daten sind im Internet über <http://dnb.ddb.de> abrufbar.

Umschlagabbildung
Michelangelo Buonarotti, Die Erschaffung Adams, 1511/12, Ausschnitt
Rom, Vatikan, Cappella Sistina
© akg-images / Erich Lessing

© 2010 · Stauffenburg Verlag Brigitte Narr GmbH
Postfach 25 25 · D-72015 Tübingen

Das Werk einschließlich aller seiner Teile ist urheberrechtlich geschützt. Jede Verwertung außerhalb der engen Grenzen des Urheberrechtsgesetzes ist ohne Zustimmung des Verlages unzulässig und strafbar. Das gilt insbesondere für Vervielfältigungen, Übersetzungen, Mikroverfilmungen und die Einspeicherung und Verarbeitung in elektronischen Systemen.

Gedruckt auf säurefreiem und alterungsbeständigem Werkdruckpapier.

Printed in Germany

ISBN 978-3-86057-020-3

VORBEMERKUNG

Gegen Ende des Jahres 2008 war das provokant betitelte Buch von Richard Dawkins[1] plötzlich Gegenstand mancher Unterhaltung in meinem Bekanntenkreis. Besonders anregend war der Bericht über den selbst nicht gehörten Vortrag eines befreundeten Philosophen, in dem er sich kritisch mit den Dawkinsschen Thesen auseinandergesetzt hat. Ich hatte ihm gegenüber vorab die Ansicht vertreten, dass er diese kaum mit leichter Hand würde zerpflücken können, hatte da aber das Buch noch nicht vollständig gelesen, sondern war eher zufällig auf Passagen gestoßen, die mir eine solche Behauptung zu rechtfertigen schienen.

Diese Meinung habe ich auch einem anderen Freund gegenüber in einem Brief geäußert, dies aber nun näher begründet, nachdem ich das ganze Buch gelesen hatte. In seiner Antwort stellte er mir eine Frage, die mich zur erneuten Befassung mit dem Problem unter einem anderen Blickwinkel veranlasst hat. Das so zustande gekommene neue »Kapitel« ging an ihn zurück und veranlasste ihn seinerseits, Stellung zu meinen Überlegungen zu nehmen. Das wiederholte sich noch einige Male, bis am Ende eine Reihe umfangreicherer Briefe aus eigener Feder vorlagen, die in Reaktion auf Telefonate, E-Mails und Briefe des Freundes geschrieben worden waren. Jeweils lösten seine Reaktionen bei mir weiteres Nachdenken und Literaturstudien aus, wobei ich mich schließlich auch mit Fragen beschäftigte, die auf den Realitätsgehalt bestimmter Lehrinhalte von Religionen zielen, so-

Vorbemerkung

wie auf die Schwierigkeiten, die sich bei Berücksichtigung der Evolution des Menschen aus früheren Formen u. a. für einige speziell christliche Glaubensinhalte ergeben.

Die Reihenfolge, in der die Gegenstände im vorliegenden Text behandelt werden, erklärt sich nicht aus einer systematischen Befassung mit den Phänomenen Evolution, Religiosität und Gott, sondern aus dem beschriebenen Gedankenaustausch und spiegelt das allmähliche Zustandekommen meiner Meinung zu diesen Sachverhalten wider. Natürlich könnte man den Text in konventioneller Weise entsprechend den betrachteten Gegenstände gliedern, aber mir scheint, dass die Beibehaltung der unbeabsichtigt durch den Briefwechsel herbeigeführten Struktur mit einer höheren Spannung für den Leser einhergeht, weil sich erkennen lässt, wie sich die Gedanken »evolutionär« zu einem mehr oder weniger geschlossenen Bild formen und am Schluss ein Ergebnis steht.

Erst beim Zusammenstellen der Briefe ist mir plötzlich bewusst geworden, dass mein Freund katholisch und aufgrund seines Familienumfeldes und seiner beruflichen Laufbahn kein »normaler« Laie, sondern in Fragen der Theologie überdurchschnittlich interessiert und kompetent ist. Daraus erklärt sich, dass in den Briefen zuweilen Inhalte der katholischen Lehre eine besondere Aufmerksamkeit finden. Zu einer intensiveren mündlichen Diskussion mit meinem Freund kam es bisher leider nicht, da wir nennenswert entfernt voneinander wohnen, was aber grundsätzlich kein Treffen aus einem so wichtigen Anlass wie der Erörterung der in Frage stehenden Probleme ausschließen sollte. Es könnte sein, dass die

Vorbemerkung

konsequente Anwendung des evolutionsbiologischen Ansatzes bei der Behandlung der einschlägigen Fragen – trotz aller Aufgeschlossenheit gegenüber diesem Ansatz! – bei ihm ein gewisses »Befremden« ausgelöst hat. Dabei argumentiere ich eigentlich »nur« mit einer Konsequenz, wie sie bei der Analyse theologischer Probleme mit Hilfe der Logik durchaus üblich ist, etwa wenn es um Aussagen über den letzten Grund von Erscheinungen geht.

Schon aus Mangel an Professionalität kann ich nicht beanspruchen, alle Aspekte des Themas in denkbarer Tiefe ausgelotet zu haben, was ich aber auch gar nicht angestrebt habe. Mir kam es darauf an, aus meiner sehr von einer Tätigkeit in der theoretischen Medizin geprägten Sicht die Punkte zu betrachten, welche die Phänomene Religiosität und Gott betreffen. Im Laufe der Befassung damit kam dann der Gedanke auf, dass diese Überlegungen allgemeines Interesse finden könnten. Mit Sicherheit weiß ich zu sagen, dass ich am Ende zu einem mich befriedigenden Fazit gekommen bin – und auch mein Freund den in Briefen dokumentierten Gedankenaustausch bereichernd gefunden hat.

Tübingen, im Herbst 2010

M. A.

ERSTER BRIEF

Tübingen, Januar 2009

Lieber D. S.,

Ich hatte Dir neulich am Telefon kurz über den Vortrag von G. W. berichtet, den er in seinem Club über das Dawkinsche Buch gehalten hat. Er hat ihn frei gehalten und somit liegt kein Manuskript vor, das mir bei der Abfassung einer Meinungsäußerung dazu helfen könnte. Ich stelle daher an den Anfang die eines Zuhörers, der in einer ersten Reaktion geltend machte, Dawkins Aussage im ersten Kapitel, er »glaube an Nichts« sei unsinnig, da auch der Glaube an Nichts ein Glaube sei. Ich habe in dem Kapitel keine Aussage dieser Art gefunden, halte aber auch eine solche gleichsam formale Kritik für bedeutungslos, da man stets und ständig unendlich viel glauben **muss** (schon weil man nicht alles wissen kann). In seinem Buch »Geschichten vom Ursprung des Lebens«[2] sagt Dawkins selbst immer wieder, dass er dieser und jener Alternative zur Erklärung eines Sachverhaltes aus diesen und jenen Gründen den Vorzug gegenüber anderen gebe, also letztlich an deren höhere Stichhaltigkeit »glaube«. Ohne in diesem Sinne zu »glauben« könnten wir mit der Welt gar nicht zurecht kommen: Ich glaube sogar beim Lesen wissenschaftlicher Arbeiten im Vertrauen auf die Wahrhaftigkeit der Aussagen eines Anderen an die Richtigkeit der von ihm mitgeteilten Befunde und kann dabei getäuscht werden, (siehe den Fall des koreanischen Klonforschers). Dir wird

Erster Brief

es auch schon so gegangen sein. Genau betrachtet sind die Grenzen zwischen »Wissen« und »Glauben« insofern fließend, Glauben hier allerdings im alltäglichen Sinne des »Fürwahrhaltens« verstanden und nicht als religiöser Glaube, der transzendente Sachverhalte zum Inhalt hat, die dem Gläubigen durch eine Art »Erleuchtung« (oder Gnade?) zur Gewissheit werden und der grundsätzlich nicht falsifizierbar ist. Wie auch immer: Das hat für den Wert der Dawkinsschen Überlegungen zum Gotteswahn in meinen Augen keine Bedeutung.

Die Frage, ob der Begriff »Wahn« im Titel den Inhalt des Buches angemessen trifft, hat in der Diskussion im Anschluss an den erwähnten Vortrag hohe Aufmerksamkeit bei den Zuhörern gefunden und war Gegenstand fast einer eigenen Diskussion. Die dabei von psychiatrischer Seite vorgebrachten Zweifel an der Berechtigung, von einem »Wahn« zu sprechen, sind mir schwer verständlich, denn »religiöser Wahn« ist doch ein bekanntes Phänomen. Wie anders könnte man beispielsweise die den Islamisten bei ihren Selbstmordattentaten zugrunde liegenden Überzeugungen (u. a. Märtyrertum mit sofortigem Einzug ins Paradies, wo Jungfrauen auf den Helden warten) charakterisieren? Es nimmt auch keiner Anstoß, wenn bestimmte historische Vorfälle im Sinne eines Hexenwahns aufgefasst werden. Die Geschichte ist voll von solchen, nach meinem Begriffsverständnis auf religiösem »Wahn« gründenden Taten und Ansichten und so trifft Dawkins mit dem Begriff »Gotteswahn« durchaus einen für Religionen typischen Aspekt. Schließlich spricht auch Kant vom »Religionswahn«: Alles »was außer dem guten Lebenswandel der Mensch noch tun zu können vermeint, um Gott

Erster Brief

wohlgefällig zu werden, ist bloßer Religionswahn und Afterdienst Gottes«.³ (Beiläufig dürften Handlungen, die für sich selbst nichts Gott Wohlgefälliges, also Moralisches enthalten, weit häufiger ausgeführt werden als solche, die den guten Lebenswandel in Befolgung der in der Welt auszuübenden moralischen Gesetze fördern!)

Bei der Einschätzung der Darlegungen von Dawkins ist unbedingt zu berücksichtigen, dass das Buch sich primär an U.S.-amerikanische Leser richtete. In Bezug auf die Religiosität aber liegen Welten zwischen den USA und speziell Deutschland: In den USA bezeichnen sich ca. 90% der Bevölkerung als religiös, in Deutschland mal gerade 30%. Aber auch hier gilt: Mit der Antwort auf die Frage, ob der Begriff »Gotteswahn« im Titel des Buches begrifflich gerechtfertig ist oder nicht, steht und fällt nicht der entscheidende Ansatz von Dawkins, die Phänomene Gott und Religion (nach meinen Überlegungen treffender: Religiosität) unter dem Blickwinkel der Evolutionstheorie zu betrachten.

Im Kern geht es um folgenden Sachverhalt: Religionen liefern allgemein Erklärungen über das Entstehen der Welt und für unsere Stellung in ihr, sie machen Aussagen zum Sinn unserer Existenz, sie liefern uns Gebote als moralische Orientierungshilfen, sie zeigen die Konsequenzen auf, wenn man gegen sie verstößt und so eine Sünde begeht, sie können Hoffnung auf eine Erlösung von der damit verbundenen Schuld geben und helfen, kritische Lebenslagen auf diese oder jene Weise zu bewältigen.

Erster Brief

Ausgehend von diesen Funktionsbestimmungen ist Gott speziell im Christentum erstens ein »Schöpfer« und »Erlöser«, er ist zweitens auch ein »persönlicher« Gott, der das Leben des Einzelnen bestimmt, ihm Halt sein kann, über Verdienste und Vergehen Buch führt.

Das Erstere läuft auf die Vorstellung hinaus, es gäbe eine übermenschliche, übernatürliche Instanz, die das Universum und damit auch uns selbst absichtlich geschaffen hat und das Zweite, dass sie uns Fluchtpunkt ist, uns lenkt und für alle Taten zur Rechenschaft zieht. So auf den Punkt gebracht werden das auch viele »Aufgeklärte«, die sich nicht explizit als Freidenker verstehen wollen oder können, nicht akzeptieren. Aber man kann sich um eine Antwort auf die Frage nach Gott und seiner Rolle in der Welt nicht herausstehlen, indem man, um an der Gottesvorstellung festzuhalten, irgendein »Abstraktum« konstruiert, Gott etwa als Abbild der Gesetzmäßigkeiten in der Natur nimmt. Fasst man speziell die biblische Schöpfungsgeschichte als eine Sammlung von Metaphern auf, können sie heute nicht mehr dort für das stehen, was man inzwischen definitiv weiß, nämlich in Form der Evolutionstheorie, so lückenhaft sie in mancherlei Hinsicht auch noch sein mag. Damit ist man recht eigentlich bei Dawkins angelangt, der beansprucht, seine Überlegungen als Evolutionsbiologe (und nicht als Theologe oder Philosoph) anzustellen und sie wesentlich auf die Evolutionstheorie stützt. So etwa, wenn er sagt, dass auch jede kreative Intelligenz (die z. B. zur Schöpfung der Welt fähig wäre), ausschließlich als Endprodukt eines langen Prozesses der Evo-

Erster Brief

lution und in seiner Komplexität nicht ohne Vorstufen zufällig entstanden gedacht werden kann.

Das trifft auch auf die Religion(en) selbst zu, denn auch sie haben eine Entwicklung durchgemacht: Vom Animismus und Animatismus führte sie zum Polytheismus, mit unterschiedlichen Zuständigkeiten zahlreicher Götter, zum Monotheismus speziell der abrahamitischen Religionen mit der Vorstellung eines allzuständigen Gottes.[4]

Das Aufkommen dieses einen Gottes an die Stelle vieler im Zuge einer Evolution muss mit komparativen Vorteilen verbunden sein, der Glaube an nur einen Gott hätte sich andernfalls nicht durchgesetzt: Unter funktionellen Gesichtspunkten ist der »bunte Götterhimmel« Griechenlands wegen der unterschiedlichen Zuständigkeiten und daraus folgenden Streitereien der Götter ineffektiver als der christliche Gott, der zwar nach Schiller ein «unangenehmes Phantasma aus Angst und Schuldgefühlen« ist, aber durch seine Allzuständigkeit eindeutige Leitlinien vorgeben kann und es u. a. sogar ermöglicht, zum Nutzen des Gemeinwesens eine Staatsreligion zu etablieren, wie das in etlichen Ländern Europas der Fall war.[5]

In meiner Zeit als Anatom habe ich, wie Dir erinnerlich sein wird, Embryologie gelesen und das Denken in Begriffen der Evolution ist mir selbstverständlich. Ich habe das nie auf biologische Sachverhalte beschränkt, sondern ebenso auf z. B. soziale angewandt, neben der Religion auf die Ethik, wo ich mich speziell bei bestimmten Fragen zur Solidarität u. a.

durch v. Hayek bestätigt fand. Meist geht es vom Einfachen zum Komplexeren, das im Laufe der Zeit durch »Selektion«, das Vorhandensein einer gewissen Überlegenheit etwa in Form einer besonders guten Angepasstheit an äußere Umstände überlebt. Nun könnte man das ja auch von Gott sagen, also dass er tatsächlich im Laufe eines Evolutionsprozesses zu der für die Schaffung der Welt (und ihrer Inhalte) erforderlichen Kreativität gekommen sei. Wer oder was aber hat dann ihn geschaffen? Ein Vorläufergott? Und der wurde von einem anderen Vorläufergott geschaffen? Man kommt so zu einem infiniten Regress, d. h. die Ursache selbst ist wiederum ein Bedingtes, das wieder die Ursache eines Bedingten ist und diese Reihe setzt sich unendlich fort – bis man aus einer gewissen Hilflosigkeit heraus schließlich doch zur Annahme einer nicht nachweisbaren und daher spekulativen Ursache Zuflucht nimmt.

Diesem logisch korrekten, vom Realen her aber unbeweisbaren Denkergebnis steht nun mit der Evolutionstheorie ein Ansatz gegenüber, der mit einer Fülle von Befunden das Entstehen der biologischen Welt in all ihrer Vielfalt im Laufe von vielen Hunderten von Jahrmillionen mit einer Schlüssigkeit erklärt, die mit Fortschritten der Wissenschaft noch ständig zunimmt. Dawkins sagt zutreffend, dass die Evolutionstheorie (ähnlich wie die heliozentrische) zu einer »Bewusstseinserweiterung« geführt habe: Wir können so die Welt und alles was in ihr gegeben ist, ohne Rückgriff auf einen letzten Verursacher zunehmend besser mit unserem Wissen erklären.

Erster Brief

Das Bessere ist des Guten Feind, das trifft gerade auch auf unser Wissen zu, und so gibt es keinen Grund mehr, an der Vorstellung eines göttlichen Schöpfers festzuhalten, wenn es eine die Wirklichkeit recht schlüssig deutende und erklärende Theorie für die Entstehung der Biosphäre gibt. Wir haben nach der Entdeckung des Sauerstoffs und dem damit verbundenen Verständnis der Verbrennung auch die »Phlogiston«-Hypothese verworfen. Wer an ihr noch heute festhielte, lebte auch in einem »Wahn«. Eindrucksvoller als Beispiel wegen der Unterschiedlichkeit der Erkenntnisbasis (Spekulation auf der einen, überwältigende empirische Evidenz auf der anderen Seite) wäre es, an der Vorstellung festzuhalten, die Erde sei eine Scheibe und nicht eine Kugel.

Als nächstes zu dem Gedanken, es gäbe eine Instanz, die jeden einzelnen von uns lenkt, jeden einzelnen von uns für seine Taten (schon für seine Gedanken und sein Wollen!) verantwortlich macht und am Ende dafür zur Rechenschaft zieht. Man muss da nicht in Details gehen, um das (zumindest für den Nichtgläubigen!) als völlig unwahrscheinlich, unnatürlich, irrational, ja, absurd einzuschätzen. (Ebenso absurd wie der Gedanke, etwas so Komplexes wie der Mensch könne ohne vorangegangene, ursprünglichere Formen plötzlich fix und fertig in die Welt gekommen sein). Am Ende führt die Annahme, man würde in ferner Zukunft für irgendwelche Sünden wie auch immer zur Rechenschaft gezogen, u. a. unvermeidlich zu der bekannten Frage, warum ein »gütiger und allmächtiger Weltenlenker« denn Übel in der Welt oder auch das Begehen einer Sünde zulässt. Er müsste ja als Allwissender und Allmächtiger sogar im Voraus wis-

Erster Brief

sen, ob der Einzelne sündig werden wird oder nicht, könnte das ohne große Mühen im Interesse der Harmonie in der Welt und seiner eigenen Vollkommenheit sowie der seiner Schöpfung wegen unterbinden und lässt ihn stattdessen sehenden Auges ins Unglück treiben.* Bei dieser Widersprüchlichkeit stößt man in der Tat an die Grenzen eines von keinem Glauben voreingenommenen Verständnisses. Das zeigt auch der – mit Verlaub! – spekulative Eiertanz von Philosophen und Theologen um die Theodizee-Frage; es ist nicht möglich, hier zu einer befriedigenden Antwort zu kommen.

Nun muss diese vorderhand absurde Vorstellung auch eine positive Seite haben, sonst hätte sie keinen Bestand. Und tatsächlich sichert sie der Religion einen hohen Stellenwert vor allem im Leben einer nicht säkularisierten Gesellschaft. Sie fördert den Zusammenhang in einer Gesellschaft, synchronisiert durch Riten die Aktivitäten in derselben, hat die Macht, den Einzelnen zu einem in ihrem Sinne ordnungsgemäßen Leben anzuhalten und ihm Sanktionen anzudrohen, wenn er gegen die Ordnung verstößt. Insofern kann man die Religion als Ganzes und ihre Einzelannahmen im Besonderen funktional rechtfertigen, auch wenn damit noch nicht gesagt wird, dass z. B. sittliches Verhalten Religion zwingend

---

* In einem kürzlich besuchten Vortrag »Die Gerechtigkeit des Gottes in der frühgriechischen Dichtung« wurde allerdings ausdrücklich betont, dass Zeus nicht im Voraus weiß, wie sich ein Sterblicher in einer von den Göttern herbeigeführten Lage verhalten wird, ob er Schuld auf sich laden wird oder nicht. Es ist eine Prüfung, die der Betreffende bestehen kann oder nicht. Es blieb offen, wie man das mit der Vorstellung einer »Allwissenheit« in Einklang bringen kann.

voraussetzt, und es ohne sie unvermeidlich zu einer moralischen Anarchie und zur Desintegration der Gesellschaft käme. Beispielsweise würde die Ordnung der heutigen Welt nicht mit dem Verschwinden des Christentums oder Islams zusammenbrechen.

Der Mensch ist seiner Natur nach ein Gesellschaftswesen, und in Gesellschaften sind Spielregeln unverzichtbar, die sich beim Menschen ebenfalls evolutionär entwickelt haben dürften und die man als Teil des menschlichen Phänotyps sehen kann. Dawkins erläutert und rechtfertigt die Übertragung des Begriffs »Phänotyp«, der im engen Sinn auf körperliche Merkmale (z. B. die Augenfarbe) abhebt, mit der Vorstellung eines »extended phenotype« auf Verhaltensweisen am Beispiel des Bibers, der, genetisch bedingt, Dämme baut und so einen See entstehen lässt, der seinen Bau schützt. Die belebte Welt ist voll von solchen Phänomenen; besonders eindrucksvoll (weil beim besten Willen nicht auf Beispiel und Nachahmung zurückzuführen) sind die hochkomplexen Verhaltensweisen von staatenbildenden Insekten oder auch von Jungvögeln, denen beim Vogelzug eine führende Rolle zukommt. Ihre Auffassung als »extended phenotype« betont ihren genetischen Ursprung, spezifiziert die Vorstellung eines »instinktiven Verhaltens« und kann auch das Phänomen Religiosität erklären.

Unter funktionellen Gesichtspunkten hat die Religion nicht nur für das Gesellschaftsleben eine Bedeutung, sondern auch zur Befriedigung dessen, was ich vor vielen Jahren in einem Vortrag in Florenz über »Sinn und Grenzen der Wissenschaft« als »Theoriebedürfnis« dargestellt habe.[6] Auch wenn die Evolutionstheorie inzwischen eine dieses Theoriebedürfnis befriedigende Erklärung speziell für das Werden des Lebens und die Entwicklung der Arten ermöglicht, sie ist kompliziert und ihr Verständnis an viele Voraussetzungen (in Form von Wissen beispielsweise von der Erdgeschichte, Paläontologie oder der Embryologie, Molekulargenetik und Molekularbiologie) gebunden, sodass sie für den Großteil der Menschen unverständlich ist. Das trifft nicht auf die vergleichbar einfache Schöpfungslehre einer Religion zu, die das Theoriebedürfnis befriedigt.[7] Das soziale und individuelle Leben lässt sich damit meistern, wie die jahrhundertealte Erfahrung in unseren und anderen Kulturkreisen vor dem Aufkommen der Wissenschaft eindruckvoll zeigt.

Vergleichbare Probleme stellen sich beim sittlichen Verhalten: Man kann es bei der Mehrzahl der Mitglieder einer Gesellschaft nicht durch den Appell erreichen, etwa den von Kant abgeleiteten Maximen zu folgen und sich auch nicht auf die nach seinen Überlegungen im Menschen natürlicherweise vorhandene Moralität verlassen. Im Hinblick auf all dies sind die Argumente von Dawkins zur »Beseitigung« oder »Überwindung« von Religionen und die Propagierung des Atheismus nachgerade unverständlich, wenn man sie als zum Phänotypus zählend betrachtet – ungeachtet der unbestreitbaren Scheußlichkeiten, die aus dem »Gotteswahn« folgen können und für die die Geschichte und auch die Gegenwart eine Fülle von schrecklichen Beispielen liefert.

Erster Brief

Ein weiterer Kritikpunkt, der sich auf eine vorderhand recht belanglose Einzelheit bezieht: Dawkins hat zwar recht, dass man genau genommen nicht von »christlichen« Kindern sprechen kann, sondern nur von Kindern christlicher Eltern, aber dies richtet sich gegen die für unser Werden und das spätere Sein einschließlich weltanschaulicher Haltungen so überaus wichtige Sozialisation. Deren überragende Bedeutung kann und darf man nicht so im Nebenher abtun. Welche Konsequenzen hätte dies denn, wenn man es z. B. auf die Sprachentwicklung übertrüge? Viel naheliegender ist, das erweiterte Konzept des Phänotyps auf das Vorhandensein von Religionen anzuwenden und daraus ein »Religionsvermögen«, eben die Religiosität, abzuleiten.

Man könnte noch weiter gehen und vermuten, dass es neben dem Theoriebedürfnis auch noch ein »Gottesbedürfnis« gibt. Und mit seiner Befriedigung gehen, anders als Dawkins behauptet, keineswegs überwiegend negative, sondern es dürften damit sogar im Gegenteil in erster Linie positive Auswirkungen auf das individuelle und soziale Leben verbunden sein.

Ein Beispiel dafür ist, dass wir den Religionen unglaubliche kulturelle Leistungen verdanken. Man kann wohl ohne Übertreibung behaupten, dass wir im Großen und Ganzen vornehmlich deshalb in fremde Städte und Länder reisen, um sakrale Bauten wie Tempel und Kathedralen zu bewundern oder auch mit großem Gewinn Bilder zu betrachten, die von Künstlern geschaffen wurden, die ihre Inspiration und Gestaltungskraft ihrem Glauben oder religiösen Mythen verdanken. Wie schrecklich arm wäre unsere Welt ohne all die Werke, deren Entstehen man gleich welcher Religion zu verdanken hat! Wie armselig eine solche Welt wäre, dafür sind die ehemals sozialistischen Staaten ein abschreckendes Beispiel – aber zuweilen hat man den Eindruck, dass auch bei uns der bildenden Kunst mit der Emanzipation von der Religion eine wichtige Quelle der Inspiration verloren gegangen ist.

Dawkins verweist an keiner Stelle auf die kulturfördernde und kulturprägende Kraft der Religionen, setzt sich dafür aber durchaus mit den verschiedenen Einwänden auseinander, die er vor allem von theologischer Seite gegen die von ihm vertretenen Ansichten erwartet. Dazu kann man jeweils etwas sagen und wahrscheinlich muss man das tun, denn hier sind die Stellen, an denen diejenigen, die ihm nicht folgen können oder folgen wollen, in erster Linie ansetzen werden, um ihn zu widerlegen. Genau das wird G. W. wohl in dem eingangs erwähnten Vortrag gemacht haben, wozu ich aus dem dort genannten Grund nichts sagen kann. Es hat dies aber auch für meine Anmerkungen zu den evolutionstheoretischen Überlegungen von Dawkins keine Bedeutung: Mir war wichtig, das hinzuschreiben, was geeignet scheint, ein Bild von der zentralen Dawkinschen These zu vermitteln, dass nämlich auch ein Schöpfer evolutionär entstanden sein müsste – und Dich soweit daran zu interessieren und neugierig zu machen, dass Du sein Buch selbst in die Hand nimmst.

ZWEITER BRIEF

Tübingen, Ende März 2009

Lieber D. S.,

In Deiner Antwort auf meine zugegeben kursorischen Überlegungen zu Dawkins »Gotteswahn« bist Du nicht auf meine Aussagen zur Evolution und die daraus von mir beschriebenen Folgen für unsere Auffassungen von der Religiosität, worunter ich, wie ausgeführt ein Religionsvermögen verstehe, und Gott eingegangen, sondern hast die Frage gestellt, wie das denn nun mit der Entstehung der Erde (eigentlich des Weltalls!) sei. Ich habe die Vermutung, dass Dir möglicherweise keine Argumente zu den vorgetragenen Überlegungen verfügbar waren und Du einfach auf ein anderes Gebiet ausweichst, mit einer Frage, die natürlich im engsten Zusammenhang mit der »Schöpfung« der Sachverhalte steht, die Gegenstand meiner Betrachtung waren. Es könnte ja sein, dass, wie Du vorbringst, am Anfang der Welt ein Schöpfer gewirkt und nach erfolgter Schöpfung nicht mehr in das Geschaffene eingegriffen hat. Und unter den von ihm mit der Schöpfung gegebenen Bedingungen ist u. a. Leben entstanden, das sich ohne sein weiteres Eingreifen gemäß den Gesetzen der Evolutionstheorie zu höheren Formen entwickelt hat. So könnte man grundsätzlich an der Vorstellung von Gott festhalten. Ich möchte nachfolgend darlegen, was m. E. gegen diese Annahme spricht.

Zweiter Brief

Zunächst einmal: Die Belege für die »Wahrheit« der Evolutionstheorie sind so zahlreich, dass es, wie kürzlich in einem Beitrag des Biologen Hubert Markl in der FAZ zu lesen war, unsinnig wäre zu fragen, ob jemand »Darwinist« sei. Es frage ja auch niemand, ob man »Plankist« sei, d. h., die Evolutionslehre ist heute als Tatsache zu akzeptieren und kann nicht als eine Hypothese oder Meinung abgetan werden, der man nach Belieben anhängt oder nicht. Es sind nicht nur Fossilien, sondern insbesondere auch Befunde der vergleichenden Anatomie, der Embryologie, der Molekularbiologie, der Genetik, der Geologie etc., die sie stützen, auch wenn sie lückenhaft und im einzelnen grundsätzlich nicht unanfechtbarer sein mag als andere wissenschaftliche Theorien auch. Aber Darwin hat andererseits wohl recht, wenn er sagt, dass die Gründe dafür, dass der Mensch von einer weniger hoch organisierten Form abstammt, niemals erschüttert werden können.[8]

Die Belege, die für die Theorie sprechen, sind also bei entsprechender Befassung mit ihr verfügbar, verständlich und überzeugend, allerdings mit einer wichtigen Einschränkung: Wir haben ganz allgemein Probleme mit großen Zahlen. Beispielsweise verfügen wir durchaus über eine Vorstellung von der Zeit, aber wenn von 1 Million Jahren oder gar einer halben Milliarde Jahren die Rede ist (und das ist die Zeitspanne, in der die Lebewesen, in deren Reihe wir stehen, entstanden sind!), dann ist das nicht wirklich vorstellbar, sondern so, als würden wir von der Ewigkeit sprechen, die uns genau so wenig vorstellbar ist. Dieser Schwierigkeit sucht Dawkins dadurch zu begegnen, dass er beispielsweise den

Zweiter Brief

schon vor 425 Millionen (und bis heute!) lebenden Quastenflossler als unseren ca. 195 Millionen-mal »Urgroßvater« bezeichnet. Ob das wirklich anschaulicher ist als eine Zeitangabe, sei dahingestellt. Keine Schwierigkeiten macht uns aber die Vorstellung, dass dieser Quastenflossler bis heute im Meer schwimmt und immer geschwommen ist, also in einem Raum existiert, den man bestimmen, man ihn fangen und untersuchen kann.

Betrachtet man hingegen den »Urknall«, mit dem nach heute weithin gängiger, wenn auch nicht unumstrittener Annahme die Welt ihren Anfang genommen haben soll, dann ist es mit jeder, aber auch wirklich mit jeder Vorstellbarkeit vorbei: Wir können nicht einmal in Begriffe fassen, wo dieser Vorgang sich ereignet hat, weil auch der Raum ebenso wie die Zeit und die Materie nach diesem Modell (erst) mit dem Urknall entstanden sind. Wir können (natürlich!) auch nichts, aber wirklich gar nichts über das aussagen, was vor dem Urknall war, weshalb man eben von einer »Singularität« spricht.[9] Und dieser Singularität gefiel es aus unbekanntem Anlass, in viel weniger als einer Milliardstel Sekunde eine Temperatur in der Größenordnung von vielen Milliarden Graden zu entwickeln, sich gleichzeitig mit unvorstellbarer Geschwindigkeit in Milliardendimensionen auszudehnen und das Universum zu bilden, gleichzeitig Protonen, Neutronen und Elektronen als Bausteine der Atome hervorzubringen, aus denen nach einer ca. 400.000 Jahren später erfolgten Abkühlung des »strahlendominierten Plasmas« Wasserstoff, Helium und kleine Mengen Lithium entstanden sind.

Zweiter Brief

Auch wenn wir über das »Vorher« der Singularität nichts aussagen können, weil die Kategorien fehlen, die einer Aussage Sinn geben könnten, sind wir hier und heute in der Lage zu sagen, dass der Vorgang als solcher mit hoher Wahrscheinlichkeit stattgefunden hat, denn vieles von dem, was das Universum ausmacht, können wir in dieser und jener Weise beobachten und messen. Wir können beispielsweise den Vorgang, der zu seinem Entstehen führte, aufgrund der bis heute anhaltenden, mit ihm in Gang gekommenen Dynamik, gleichsam bis zu seinem Ausgangspunkt zurückverfolgen und auch Aussagen machen, was in den unvorstellbaren Zeiträumen seither geschah: Das Universum hat sich ausgedehnt und dehnt sich unverändert weiter aus, wir können die bei dem Ereignis entstandene »Mikrowellenstrahlung« erfassen (und selbst am Fernseher als »Grieseln« sehen), wir können das Kollabieren von Sternen als »Supernova« erkennen und viele der das ganze Geschehen begleitenden quantenmechanischen Prozesse mit mathematischen Methoden beschreiben und deduzieren.

Im Zuge dieser Vorgänge, die ihren Anfang vor in der Größenordnung 13,5 Milliarden Jahren hatten, ist die Milchstraße als eine von sehr vielen Galaxien entstanden. In ihr findet sich auch unsere Sonne als Zentralgestirn, um die unsere Erde als Planet kreist. Auf einer Bahn genau in der richtigen Entfernung, um beispielsweise die dem Entstehen des Lebens zuträgliche Schwerkraft zu besitzen. Unter anderen Umständen hätte das Leben in der uns bekannten Form mit Sicherheit nicht entstehen können – möglicherweise aber in einer anderen Form!

Zweiter Brief

Durch das Bombardement mit Resten von Supernova-»Explosionen« ca. 1 Milliarde Jahre nach dem Urknall – so eine heute vertretene Ansicht – wurden auf der Erde schwere Atome verfügbar und darunter auch Kohlenstoff, der einmalig (nur das Silizium als der einzige Konkurrent kommt ihm in gewisser Hinsicht nahe) die für die Bildung von Lebensbausteinen geeigneten chemischen Eigenschaften in Form von Bindungsfähigkeiten aufweist. Dazu kommen die für den Aufbau von »Lebensbausteinen« ebenfalls unverzichtbaren Elemente Stickstoff, Sauerstoff, Phosphor und Schwefel neben geringen Mengen anderer Elemente (u. a. Eisen, Magnesium, Natrium, Calcium, Chlor). Wie diese Elemente in den Brutöfen der Sterne entstanden sind, glaubt man in Kenntnis der dabei ablaufenden Prozesse zu verstehen. Und man hat auch Vorstellungen (und einige experimentelle Hinweise), wie sich im Gemisch der wesentlichen Bestandteile der »Lebensbausteine«, in einer »Ursuppe«, unter den vor ca. 3,5 Milliarden Jahren bestehenden Bedingungen die ersten »Lebensmoleküle« gebildet haben, d. h. Moleküle, die »wachsen« und sich »vermehren« können.

Die Wahrscheinlichkeit spricht dafür, dass dieser unserem Denken vorderhand ganz unwahrscheinliche Vorgang sich außer auf der Erde noch auf Millionen anderer Planeten abgespielt haben könnte, was im Zusammenhang mit der Vorstellung eines Schöpfers des Lebens auf der Erde durchaus bedeutsam ist: Man schätzt die Zahl der Galaxien im Universum auf 100 bis 400 Milliarden und entsprechend groß muss nach der Wahrscheinlichkeit die Zahl der Weltraumkörper sein, auf denen sich ähnliches Leben wie auf unserer Erde bis hin zu einer der unsrigen ähnlichen Zivilisation gebildet haben dürfte.[10] Es wäre also wohl abwegig, weil mit unserem Wissen vom Universum nicht so recht vereinbar, nur einen Schöpfungsakt mit dem uns vertrauten Ergebnis ausschließlich auf der Erde zu unterstellen. Stattdessen wäre im Zusammenhang mit der Frage nach Gott und seiner Rolle im Weltgeschehen von mit hoher Wahrscheinlichkeit millionenfachen Schöpfungsakten (mit u. U. unterschiedlichen Ergebnissen) durch einen Gott auszugehen, dem die bereits genannten Fähigkeiten zugeschrieben werden.

Die Notwendigkeit abzuleiten, sich mit dieser Wahrscheinlichkeit auseinander zu setzen, ist aber nicht der einzige Grund, warum vorstehend (nur bruchstückhaft, weil nur einige mir zufällig bekannte Befunde und Erkenntnisse Erwähnung finden!) Aussagen zur Kosmogenese gemacht wurden. Die Bruchstücke sollen in erster Linie zeigen, dass wir inzwischen sehr viele und teilweise recht detaillierte Kenntnisse über einige Prozesse haben, die in einen Zusammenhang mit der Entstehung des Universums gestellt werden und auch über die, die sich bei der Bildung unserer Erde und des Lebens auf ihr abgespielt haben. Sie machen es entbehrlich, gleichsam aus Verlegenheit zur Vorstellung eines Schöpfergottes Zuflucht zu nehmen.

Die (notabene nach der Wahrscheinlichkeit abgelaufene!) Vielfachbildung von Leben spricht, sieht man von den unbeantworteten Fragen nach der »Singularität« ab, nicht für völlig unwahrscheinliche getrennte Schöpfungsakte durch eine übernatürliche Kraft, sondern ganz im Gegenteil für das

Zweiter Brief

Wirksamwerden von natürlichen Kräften nach grundlegenden Gesetzen: Wenn zureichende Bedingungen vorhanden sind, entsteht Leben und danach läuft die Entwicklung bis hin zu kompliziertesten Organismen so ab, wie es die Evolutionstheorie erklären kann und deren Ergebnis wir sehen und selber sind. Am Ende bleibt also letztlich allein die Singularität wissenschaftlich unverstanden, aber hier greifen für viele Menschen andere Erklärungsansätze: Aus dem (möglicherweise nur »Noch«) Nicht-Wissen und dem (»Noch«) Nicht-Verstehen dieses Ereignisses wird auf das Vorhandensein von Gott geschlossen.

Ausgangspunkt der diesbezüglichen Argumentation ist die Unterscheidung von »Anfang« und »Grund«. Im Unterschied zum Anfang »ist der Grund nicht an einen bestimmten Moment geknüpft, sondern stehe als solcher außerhalb von Zeit, Raum und Materie und könne daher auch nicht Gegenstand einer naturwissenschaftlichen Theorie sein«.[11] Und diesen »transzendenten Grund nennen die philosophische Tradition und der christliche Glaube Gott«. Natürlich kann man von der Vorstellung eines »transzendenten Grundes« ausgehen und ihn Gott nennen, aber man kommt so zu einem logischen Konstrukt, das mit der Vorstellung eines persönlichen Gottes im oben genannten Sinne keine Ähnlichkeit hat. Immerhin wird die Lücke in unserem Wissen so gedanklich beseitigt: Wenn der »transzendente Grund« zureichend ist, kommt es zum »Anfang«, also dem »Urknall«, und das folgende Geschehen ließe sich dann ohne die Unterstellung übernatürlicher Kräfte beschreiben; die Prozes-

Zweiter Brief

se, die dem zugrunde liegen, ließen sich mit Hilfe vielfach gesicherter Theorien verstehen.

Die systematische Darstellung der verschiedenen Religionen in dem bereits in meinem letzten Brief erwähnten Buch von Nathaliel Micklem beginnt mit der Beschreibung von »Animismus« und »Animatismus«. Beide Anschauungen gehen von der Belebtheit der ganzen Natur durch einen beseelenden Geist bzw. durch mehr oder weniger personalisierbare Geister aus. Damit lassen sich die Erscheinungen und Vorgänge in der Wirklichkeit deuten und evtl. durch »Beschwörungen« oder heilige Riten auch beeinflussen. Das auf allen Gebieten vorhandene »Theoriebedürfnis« wäre damit befriedigt, auch eine »Kontingenzbewältigung« ist möglich, um mit den Widersprüchen in der Wirklichkeit, den Risiken von Enttäuschungen, den Unwägbarkeiten des Lebens fertig zu werden. Micklem zieht mit Blick auf die weite Verbreitung von Religionen die Möglichkeit in Erwägung, dass es für spezielle Sachverhalte gleichsam eine »*a priori*-Kategorie« gibt, die es ermöglicht, sie als »heilig« einzuordnen.

Das Konzept des »erweiterten Phänotyps« nun legt es nahe, die bei fast allen Völkern und in praktisch allen Kulturen vorhandene Bereitschaft, einen Verursacher der Welt und des menschlichen Lebens anzunehmen (in den drei abrahamitischen Religionen in Form eines Schöpfergottes) als genetisch bedingt anzusehen. Es könnte damit ein Überlebensvorteil einhergehen, etwa über das Gefühl der Geborgenheit in der Hand eines solchen Gottes, dem wir in entscheidendem Um-

Zweiter Brief

fang die Verantwortung für unser Schicksal zuschreiben und das wir im Vertrauen auf ihn meistern können:

Nur der Mensch kann über sich selbst reflektieren, nur er kann sittlich (und nicht nur reflexartig und instinktiv) handeln, nur er hat ein Bewusstsein von der Endlichkeit seines Lebens sowie der Unausweichlichkeit des Todes und der damit grundsätzlich drohenden Auslöschung seiner Individualität.

Diese existentiellen Probleme sind Herausforderungen, denen der Mensch sich seiner Veranlagung gemäß und im Interesse eines auch »biologisch ertragreichen« Lebens im Einklang mit den jeweils gegebenen Bedingungen stellen muss. Dafür spielt nicht zuletzt das Eingebundensein in eine Gesellschaft eine Rolle, die idealtypisch durch einen gemeinsamen Glauben den für das Überleben der Gruppe vorteilhaften inneren Zusammenhang bekommt. Mit all dem wäre ein Selektionsvorteil verbunden: Wenn Intelligenz und Witz Einfluss auf die Partnerwahl haben und dies eine Rolle für die Größenzunahme des Gehirns im Zuge der Entstehung des *homo sapiens* spielte, wie das zur Erklärung als Möglichkeit in Erwägung gezogen wird, ist es nicht abwegig, auch der Verankerung der inneren Haltung im Religiösen einen vergleichbar positiven Einfluss bei der Partnerwahl und weitergehend auf die Evolution des *homo sapiens* zuzuschreiben.*

---

* Dawkins selbst schreibt der Religiosität durchaus eine Bedeutung für die Artenbildung zu, wenn er in »Geschichten vom Ursprung

Zweiter Brief

All dies bleibt im Rahmen von Ansichten, die von Dawkins selbst vertreten werden, von Vorstellungen, die teilweise sogar von ihm erarbeitet worden sind und die sich, ihm folgend, als eine Bewusstseinserweiterung verstehen lassen. Auch kann man auf Anhieb seiner Behauptung zustimmen, dass es keinen Vorwand zur Annahme eines Schöpfergottes im landläufigen Sinne gibt, denn das Entstehen der Welt im Ganzen und der Erde mit dem Leben auf ihr im Speziellen lässt sich ohne Rückgriff auf einen übernatürlichen Schöpfer und Gestalter mit Hilfe des uns verfügbaren Wissens und von Theorien erklären, die sich auf zahlreiche Befunde stützen.

Gerade darum kann man aber auch am Vorliegen eines »Gotteswahns« festhalten, denn jeder kognitive Akt, der einen unüberprüfbaren Sachverhalt zur unverrückbaren Tatsache erklärt (und das wäre der »Grund« nach obigem Verständnis), ist wahnhaft. Oder, noch einmal Kant an oben genanntem Ort: »Wahn ist die Täuschung, die bloße Vorstellung einer Sache mit der Sache selbst für gleichgeltend zu halten« – und das trifft doch haargenau den Kern! All das rechtfertigt es aber keineswegs, eine Art Kreuzzug gegen die Gottesvorstellung zu organisieren und dem Atheismus das Wort zu reden. (Bis hin zu spektakulären Aktionen in jüngster Vergangenheit mit Plakaten an Bussen in London, Madrid und

---

des Lebens« auf Seite 579f. ausführt: »Wie die Insekten, die sich in der Nähe ihrer bevorzugten Nahrungspflanzen paaren, so paaren sich auch Menschen häufig mit Partnern, die ihre Sprache sprechen und zu denselben Göttern beten. Verschiedene Sprachen, Religionen und gesellschaftliche Gepflogenheiten können als Schranken für den Genfluss dienen.«

Zweiter Brief

inzwischen auch in Deutschland mit der Aufschrift »Es gibt wahrscheinlich keinen Gott«).

Von einer mit solchen Aktionen angeregten konsequenten Säkularisierung und Abwendung von der Religion ist keineswegs mit Sicherheit zu sagen, dass sie eine wünschenswerte Emanzipation und ein Gewinn wäre, sondern im Gegenteil dürfte sie ein Verlust an Möglichkeiten der Orientierung, des Gesellschaftszusammenhalts, der Kooperation, der Solidarität in der Gruppe sein, des künstlerischen Erahnens und Gestaltens einer Welt jenseits unserer alltagtäglichen Erfahrung usw. Das alles bleibt bei Dawkins unberücksichtigt, was ihn von anderen Skeptikern unterscheidet: Protagoras beispielsweise konnte nicht beweisen, dass die Götter existieren, zweifelte daher an ihrer Existenz, hielt aber daran fest, dass sie auf jeden Fall verehrt werden sollten. Nach seiner Auffassung hatte die Philosophie nichts Erbauliches zu lehren, und »so müsse man sich, wenn man die Moral erhalten wolle, auf die Gedankenlosigkeit der Masse und ihre Bereitschaft verlassen, zu glauben, was man sie gelehrt hatte«. Das wird Dir sicher gefallen und auch ich kann dieser Haltung mehr abgewinnen als dem Feldzug Dawkins gegen den »Gotteswahn«.

DRITTER BRIEF

Tübingen, Anfang April 2009

Lieber Freund,

Dein Brief mit den gewichtigen Kommentaren als rasche Antwort auf meinen letzten Brief hat mich erreicht und mich unverzüglich zu weitergehendem Nachdenken veranlasst.

Die Auffassung der Religiosität als einem funktional bedeutsamen Teil des menschlichen Phänotypus ist stimmig mit der oft erhobenen Forderung, dass alle Sachverhalte der Biologie (im weitesten Sinne) im Lichte der Evolutionstheorie betrachtet werden sollten, ja betrachtet werden müssen.* Das macht verständlich, dass Religiosität (als eine beim Menschen allgemein vorhandene Anlage) und eine aus ihr folgende Religion (als ihre konkrete Ausformung) ein Faktor ist, der nachgewiesenermaßen eine Rolle bei der Selektion spielt: Anhänger einer Religion haben beispielsweise einen Vorteil bei der Fortpflanzung gegenüber Nichtgläubigen. Das belegen zahlreiche Studien, ja, es lassen sich sogar Unterschiede in den Reproduktionsraten in Abhängigkeit von verschiede-

---

* »Nichts in der Biologie macht Sinn, wenn man es nicht im Lichte der Evolution betrachtet« ist ein bekanntes Diktum des russisch-US-amerikanischen Genetikers und Zoologen Theodosius Dobzhansky aus seinem 1937 erschienenen Buch »*Genetics and the Origin of Species*«.

Dritter Brief

nen Glaubensrichtungen oder Sektenzugehörigkeiten aufdecken. (Etliche Angaben bei Vaas und Blume).

Da Religionen somit für die Geschichte sowohl des Einzelnen als auch von Gemeinschaften eine erhebliche Bedeutung zukommt, wäre es unverständlich, sie bei einer Analyse des Bedingungsgefüges der menschlichen Existenz auszuschließen oder für sie eine Sonderstellung zu reklamieren. Das ist genauso wenig gerechtfertigt, wie für einige Gebiete der Chemie zu behaupten, dass dort die üblichen Gesetzmäßigkeiten nicht gelten würden.

Nun kann man für die Auffassung von Religionen als ein für die Evolution des Menschen wirksames Phänomen nicht nur die durchgängige Gültigkeit biologischer Gesetze anführen, sondern noch ein gleichsam ökonomisches Argument: Die Religionen hätten sich nicht über Jahrtausende hinweg in praktisch allen Gemeinschaften trotz ihrer zuweilen extremen »Kostspieligkeit« (Bau von Tempeln, Unterhalt einer Priesterschaft, Ausübung des Totenkults, Zeitaufwand zur Teilnahme an Ritualhandlungen und zum Beten, Hekatomben von Toten in Glaubenskriegen etc.) gehalten, wären sie nicht mit einem Selektionsvorteil verbunden: Vergleichbar anderen nutzlos gewordenen körperlichen Strukturen und Organen (z. B. die Augen bei Höhlenfischen) oder auch Verhaltensmustern wäre das Religionsvermögen aus Gründen der Ressourcenersparnis im Laufe der Evolution verloren gegangen.

Dritter Brief

Wie maßgeblich beim Gläubigen die Religion das Denken bestimmen kann, ist einem mir kürzlich von G. S. zugesandten Bericht über den Philosophen Robert Spaemann in der Süddeutschen Zeitung zu entnehmen. Ihm wird in dem dort dokumentierten Interview die Frage gestellt, ob nicht der Philosoph dem Verdacht ausgesetzt sei, dass seine philosophischen Thesen nur Ausfluss seiner Glaubensüberzeugungen seien. Er verneint das, konzediert aber, dass die Frage, inwieweit das Nachdenken durch eine bestimmte Art, die Welt anzusehen, von vornherein strukturiert ist, einen ausgesprochen heiklen Punkt berührt. Er würde allerdings sagen, dass sein Katholizismus nicht der Grund seines Denkens ist, sondern dass er ebenso wie sein Denken Ergebnis einer bestimmten Art ist, die Welt anzuschauen. Dennoch sei die Sache mit der »Standpunkthaftigkeit« eine unauflösliche. Philosophie müsse es um ein letztes, universelles Verstehen gehen. Dieses sei mit der Standpunkthaftigkeit nicht vereinbar. Da könne man ja gleich sagen: »Wir denken eben so, vertreten diesen oder jenen Standpunkt und suchen Gleichgesinnte«. Wer sich mit der Standpunkthaftigkeit zufrieden gebe, sei noch nicht bei der Philosophie angekommen.

Spaemann insinuiert wohl für sich, dass er »angekommen« ist, was implizit in letzter Konsequenz zu der Annahme führt, er sei zu einem von inneren (gedanklichen) Voraussetzungen her unabhängigen Denken in der Lage. Gegen diese Möglichkeit lassen sich wissenschaftlich gestützte Zweifel vorbringen, zu deren Darlegung ich auf einen eigenen Text zurückgreife, der 2005 unter der Überschrift »Zum Dualismus menschlichen Handelns« an meinen inzwischen leider verstorbenen, auch Dir flüchtig bekannten Freund P. H. ging, und den ich hier um den Begriff »Denken« ergänze, sodass er jetzt heißt:

»Zum Dualismus menschlichen Handelns und Denkens«

Zu den jüngsten Fortschritten der Hirnforschung zählt der Nachweis funktioneller Aktivitäten in bestimmten Gehirnstrukturen, die zeitlich vor einem (bewussten) Handeln einsetzen. Dieser Befund ist sensationell und hat eine entsprechende Aufmerksamkeit in der Öffentlichkeit gefunden, wie eine Berichtsserie in der FAZ zeigt, in der vor einigen Jahren Für und Wider in einer größeren Zahl von Beiträgen dargelegt wurden und auf die zahlreiche Leser mit Zuschriften reagierten.

Für und Wider, weil zwar an den vorgelegten Ergebnissen schlechterdings kein Zweifel möglich ist, wohl aber geklärt werden muss, welche Bedeutung sie für das Selbstverständnis des Menschen und auch für die Verantwortlichkeit seines Handelns haben: Auf Anhieb scheinen sie die Willensfreiheit in Frage zu stellen und bringen den Determinismus zurück auf die Tagesordnung. Objektive, für sich genommen wertneutrale Befunde und darauf bezogene Aussagen haben so zu einer Diskussion geführt, in der es um deren Bewertung in Kategorien der Philosophie und Psychologie geht, also um das, was von den Hirnforschern nicht geleistet werden kann, ja, was sie gar nicht leisten dürfen. Ihre Aufgabe ist es allein, ein vertieftes Verständnis für das gleichsam biologische Funktionieren des Organs zu gewinnen, das nach allgemeiner Meinung in besonderer Weise das Wesen des Menschen ausmacht oder bestimmt.

Dritter Brief

In Kenntnis dieser biologischen Funktionen nun gleich zu fordern, das Strafgesetzbuch neu zu schreiben, kann nur vordergründig einleuchten. Denn eine Schuldfähigkeit erscheint zwar kaum denkbar, wenn strafbewehrte Handlungen schon vor ihrer absichtsvollen Ausführung in bestimmten Gehirnabschnitten oder Gehirnstrukturen ohne bewusstes Zutun des Handelnden »vorgeprägt« oder »entworfen« werden, doch bei genauerem Hinsehen wird klar, dass diese Bewertung die Befunde überinterpretiert und in erster Linie in dem Bemühen um eine möglichst weitgehende Einheitlichkeit von Deutungsmustern ihre Erklärung findet.

Eine solche Einheitlichkeit in der Deutung von Sachverhalten ist auf vielen Gebieten nicht gegeben, wie der duale Charakter von Licht zeigt: Je nach Versuchsanordnung lässt es sich mit der Vorstellung von Korpuskeln oder Wellen erklären. Aber selbst zur Deutung von Vorgängen in großen Gegenstandsbereichen wie die Physik existieren unterschiedliche Ansätze: Die Newtonsche Mechanik gilt in der Makrowelt, während im atomaren Bereich etwa die von Planck, Heisenberg, Einstein u. a. aufgedeckten Gesetze gültig sind.

Im Alltag gehen wir mit aller Selbstverständlichkeit von der durchgängigen Gültigkeit der von der eigenen Anschauung immer wieder bestätigten Vorstellungen der »klassischen« Physik aus. So wie wir unbeschadet der durch Kopernikus aufgezeigten, uns inzwischen von den Satelliten sogar vor Augen geführten Bildern der Kugelform der Erde so leben, als sei die Erde eine Scheibe und nicht sie drehe sich um die Sonne, sondern diese bewege sich vom Morgen zum Abend am Himmel.

Dritter Brief

In vergleichbarer Weise gehen wir in unserem subjektiven Empfinden von einer letztlich völligen Willensfreiheit aus, obwohl doch keine Zweifel an der auf unser ganzes Dasein, d. h. unsere Handlungen und Auffassungen durchschlagenden Bedeutung des Unbewussten möglich sind: Wir wissen bei einer entsprechend sorgfältigen Betrachtung, dass wir in unserem Denken und Handeln nicht wirklich autark sind, dass sich unsere Persönlichkeit nicht im beziehungslosen Raum entwickelt, sondern, ganz abgesehen von den genetischen Voraussetzungen, Produkt einer durch viele Faktoren bestimmten Sozialisation ist und vor allem auch das selbst Erlebte handlungs- und haltungsrelevante Spuren hinterlässt.

Im Lichte der unstrittigen Rolle des Unbewussten für unser Denken und Handeln erscheinen die von der Hirnforschung erhobenen Befunde nicht als Sachverhalte, die an der Vorstellung der Willensfreiheit zweifeln lassen müssen und einen Determinismus zu stützen scheinen, sondern sie können durchaus auch als ein Beweis für das Unbewusste, nämlich als das stoffwechselfunktionale Pendant desselben aufgefasst werden. Denn wenn man wohlbegründet von Stoffwechselvorgängen ausgeht, die das bewusste Handeln begleiten oder ihm zugrunde liegen, dann ist es nicht weniger sinnvoll, auch von einem stoffwechselfunktionalen Äquivalent des Unbewussten auszugehen. Insofern können die Ergebnisse der Hirnforscher geradezu als Bestätigung von schon lange akzeptierten Annahmen über das Funktionieren seelischer und mentaler Prozesse angesehen werden und nicht als etwas, das die subjektiv als unstrittig und selbstverständlich erlebte Willensfreiheit in Frage stellen könnte.

Dritter Brief

Zwei Beobachtungen scheinen mir im Zusammenhang mit unbewusst ablaufenden Hirnaktivitäten noch von Interesse und stützen m. E. die oben gegebene Deutung:

Es ist eine allgemeine Erfahrung, dass man sich immer mal wieder trotz angestrengten Nachdenkens nicht an einen Namen oder eine andere Einzelheit erinnern kann, das scheinbar Verschüttete aber nach einiger Zeit plötzlich ohne weiteres Zutun ins Bewusstsein tritt. Der amerikanische Psychologe McDougall hat das auf ein »Konatives Beharrungsvermögen« zurückgeführt.[12] Dies benannte das Phänomen, ohne es seinerzeit erklären zu können. Heute aber lässt es sich erklären, indem man es in eine Beziehung zu den unterbewusst ablaufenden Hirnaktivitäten stellt.

Eine Beziehung zu den unterbewusst ablaufenden Hirnaktivitäten dürfte auch bei weit wichtigeren Vorgängen eine Rolle spielen: Wenn man vor die Aufgabe gestellt wird oder sie sich selbst stellt, einen Text über einen komplizierteren Sachverhalt (oder einen Brief wie den vorliegenden!) zu schreiben, so gelingt das meist nicht auf Anhieb, d. h. man kann nicht ohne eine Art »innerer Vorbereitung« mit dem Schreiben beginnen, so wie man etwa mit der Übersetzung eines Textes oder der Durchführung einer Rechenoperation unverzüglich nach Aufgabenstellung beginnen könnte. Ich habe die mir von vielen Dritten bestätigte Beobachtung gemacht – und verlasse mich inzwischen auf diese Praxis – dass man eine Zeit wartet, an die frische Luft geht, und dann liegt auch ohne zielgerichtetes Nachdenken plötzlich auf der Hand, wie der Einstieg

in das Thema erfolgen und es strukturiert werden könnte.*
Der Entwurf dieser »Primärgedanken« geschieht jedenfalls in weiten Teilen unbewusst. Bewusst kann (und muss) das so Zustandegekommene dann u. a. auf die Stichhaltigkeit der die Aussagen stützenden Belege, auf innere Stimmigkeit geprüft, im Lichte anderer bereits verfügbarer Aussagen zu dem fraglichen Sachverhalt kritisch bewertet, ergänzt und sprachlich möglichst unzweideutig formuliert werden.

Maßgeblich für den Inhalt der »Primärgedanken« (und auch dem, was daraus gedanklich weiterentwickelt wird), sind die im Zuge der Sozialisation erworbenen »Grundüberzeugungen«, die den Standpunkt bestimmen. Sie sind ihrer Natur nach grundsätzlich konservativ, d. h. stabil oder, um den von Spaemann in dem Interview mit negativer Konnotation gebrauchten Begriff zu verwenden, »rigide«. Positiv gewendet gewährleistet dies, dass man nicht beliebig von Meinung zu Meinung wechselt, sondern beim Urteilen einer im Laufe des Lebens gefundenen Linie folgt. Es hilft dies auch einem Gegenüber, ein aus dem Wissen um eine gemeinsame Überzeugung folgendes Vertrauen zu entwickeln und selbst eine Vertrauen stiftende Haltung einzunehmen. Nur ausnahmsweise und meist nur in Maßen können sich Grundüberzeugungen im Laufe der Zeit ändern, allerdings nur selten einmal im Sinne eines »Aus Saulus wird Paulus«.

---

* Beispielsweise hat Nabokov nach seinem Biographen Brian Boyd (Die russischen Jahre, Hamburg 1999) das Muster seiner Inspiration so beschrieben: »Zwei bis drei Tage kribbelndes Vorglühen, dann der plötzliche Blitz eines neuen Romans, mehr oder weniger vollständig, dem ein langer Prozess geistiger Auslese folgte.«

Dritter Brief

Nun sagt Spaemann zu Recht, dass eine völlig rigide Standpunkthaftigkeit jeden Diskurs im Grunde genommen überflüssig machen würde. Unter Berücksichtigung der geschilderten Erfahrungen mit dem konativen Beharrungsvermögen und dem unbewusst ablaufenden Entwurf von »Primärgedanken« sowie der inzwischen vorliegenden Befunde zu »vorauseilenden Hirnaktivitäten« ist jedoch kaum zu erkennen, wie man sich eine von ihm gewünschte wirklich fehlende Standpunkthaftigkeit vorzustellen hat und wie sich Denken unter dieser Bedingung vollziehen soll.

Den positiven Seiten der Grundüberzeugungen stehen negative in Form einer Verschlossenheit gegen Argumente gegenüber, die die eigene Position in Frage stellen könnten. Die Grenzen zwischen einer grundsätzlich wünschenswerten Meinungsfestigkeit und einem starren Festhalten an der eigenen Position ungeachtet aller Gegenargumente sind fließend. Beharren beide Gesprächspartner darauf, recht zu haben, so kann es im Extremfall keinen Diskurs geben: Die Diskutanten argumentieren auf verschiedenen Ebenen und diese Gefahr ist bei der Auseinandersetzung um »Glaubensartikel« besonders groß.

Wer es unternimmt, das Phänomen »Religiosität« unter einem evolutionstheoretischen Blickwinkel zu betrachten, kann nicht umhin, sich mit der oft unterstellten Antinomie zwischen Vernunft und Glauben auseinanderzusetzen: Nicht wenige werden eine Betrachtung der Phänomene Religiosität und Gott unter einer explizit naturwissenschaftlichen Perspektive als unstatthaft ansehen und für den religiösen Glau-

Dritter Brief

ben (oder das Glauben?) eine Ausnahmestellung reklamieren. Die hierzu an Spaemann gerichtete Frage beantwortet er mit der Feststellung, Vernunft und Glauben zu verbinden sei für ihn nie ein Problem gewesen – was unmittelbar einsichtig ist: Einerseits kann man einen Glauben nicht *per se* als unvernünftig einordnen, nur weil man vielleicht selber ungläubig ist und einem gewisse religiöse Aussagen fremd sind oder gar unsinnig vorkommen. Wenn man andererseits Vernunft mit Wissen gleichsetzt, steht man vor dem früher erwähnten Problem, dass zwischen Glauben und Wissen keine scharfe Grenze besteht. Allerdings ist es ohne weiteres möglich, Inhalte zu glauben, die keine Entsprechung in der Wirklichkeit haben und sie gleichwohl mit den Mitteln der Vernunft zu traktieren, d. h. Schlüsse zu ziehen, die den Gesetzen der formalen Logik entsprechen. So ist auch der Glaube an einen Gott möglich, ohne dass es irgendwelche Belege für dessen Tatsächlichkeit geben muss und man kann den Zweck des Glaubens an einen Gott auch für vernünftig halten, etwa wenn man der Religion, in deren Zentrum er gedacht wird, eine wichtige Funktion für das Leben des Einzelnen und den Zusammenhalt der Gemeinschaft zubilligt.

Diese Funktion kann die Religion allerdings kaum ausüben, wenn Gott nicht als ein persönlicher, ein »fassbarer« Gott gedacht wird, sondern »nur« ein logisches Konstrukt ist, er als »ungebundene Variable« aufgefasst wird oder als Metapher für den unbekannten »Grund« steht, der dem Anfang des Entstehens aller Sachverhalte in der Welt vorausgegangen ist, wie das mit Blick auf den Urknall ausgeführt wurde. Unser Denken in der Kategorie der Kausalität erzwingt es

Dritter Brief

halt nachgerade, eine »Ursache« für alles Seiende anzunehmen, auch wenn man deren Natur (evtl. in mancherlei Hinsicht nur noch!) nicht beweisen kann. Wenig überzeugend aber ist es, wenn Spaemann gleichsam das Pferd von Hinten aufzäumt mit der Aussage, »wenn man aber einmal die Existenz Gottes voraussetzt, ergebe sich alles weitere (bis hin zum orthodoxen Katholizismus) von selbst«. Das ist ebenso wenig mit dem von ihm als für das wahre Philosophieren wünschenswerten völligen Abgehen von der Standpunkthaftigkeit vereinbar wie seine Zweifel an der Vernunft und Wahrheitsfähigkeit des Menschen angesichts der Argumente des Atheismus.

In diesem Kontext führt Spaemann als eine These von Nietzsche an: »Wenn es Gott nicht gibt, gibt es auch keine Wahrheit«, was er zu der Aussage umkehrt, »wenn es keine Wahrheit gibt, ist jeder Satz über Gott müßig«. (Beiläufig wäre jeder Satz über alle Sachverhalte müßig, wenn es keine Wahrheit gäbe!) Tatsächlich findet man bei Nietzsche die Aussage: »Die christliche Moral hat nur Wahrheit, falls Gott die Wahrheit ist – und sie steht und fällt mit dem Glauben an Gott«.[13] Von der von ihm hieraus abgeleiteten, o. g. These kommt Spaemann zu der Aussage, dass seine Zweifel an der Existenz Gottes immer auch Zweifel am Denken überhaupt gewesen seien. Das nun ist eine Aussage, die falsifizierbar ist: Wenn es Menschen gibt, die definitiv nicht an einen Gott unseres Verständnisses glauben, jedoch unzweifelhaft denken können, ist die Aussage falsch. Genau das ist der Fall und zwar nicht nur, weil es (eine wie wir alle wissen zunehmende Zahl von) Individuen in unserem Kulturkreis gibt, die nicht

Dritter Brief

an Gott glauben: Der chinesische »Universismus« kennt keinen Schöpfer- oder Erlösergott; es ist ein metaphysisches System, nach dem Himmel, Erde und Mensch die drei Komponenten eines einheitlichen Alls bilden, die von einem allumfassenden Gesetz regiert werden.[14] Was soll da die Aussage, »Zweifel an Gott sind Zweifel am Denken überhaupt«? Für Chinesen jedenfalls kann das nicht zutreffen!

Kritisches Denken kann zur Skepsis führen und so auch dazu, an der Tatsächlichkeit Gottes zu zweifeln oder sie sogar ganz zu bestreiten. An Spaemanns Aussage, »Zweifel an Gott sind Zweifel am Denken überhaupt« steckt daher ein logischer Widerspruch: Wenn aus dem Zweifel an Gott ein Zweifel am Denken folgt, kann das Denken nicht zum Zweifel an Gott führen, Gott wird gleichsam vor jedem durch Denken zustande gekommenen Zweifel geschützt. So auch, wenn Gott nicht als ein Gegenstand gesehen wird, »auf den man sich kognitiv beziehen kann«.[15] In Wirklichkeit, das zeigen nicht nur die vorliegenden Überlegungen, ist sogar eine naturwissenschaftliche Betrachtung der Gottesfrage in Begriffen der Evolutionsbiologie möglich, ja unter dem Anspruch einer rationalen Problemanalyse zeitgemäß und sachlich notwendig, wie auch eindrucksvoll bei Vaas und Blume zu sehen. Danach kann man Religionen in einem zur Erklärung des Phänomens befriedigenden und ausreichenden Umfang als für die Lebensbewältigung wichtige und sinnvolle Illusion betrachten, die Erklärungen bietet, wenn (und solange!) andere Erklärungen nicht verfügbar sind oder nicht ausreichen.

Dritter Brief

Welch hoher Rang dem zukommt, zeigt der Umstand, dass sich eine kaum zu überblickende religiöse Vielfalt in menschlichen Gemeinschaften findet. Man kann daher mit Recht Religiosität als eine »transkulturelle Universalie« auffassen, was ja ebenfalls für eine genetische Verankerung spricht, »wobei der zufällige Ort unseres Heranwachsens darüber entscheidet, welche konkrete Glaubensrichtung vertreten wird«.[16] Das heißt, die Fähigkeit, Gedanken an Götter oder an einen Gott (*notabene* nicht an einen bestimmten!) zu entwickeln, liegt im menschlichen Genom, ebenso wie die dazugehörige zur Transzendenz. Zu den mit dieser Veranlagung verbundenen evolutionären Vorteilen zählt neben den schon genannten auch, dass ein gemeinsamer Glaube die Konkurrenzfähigkeit im Kampf verschiedener Gemeinschaften um die begrenzten Ressourcen stärkt.*

Neben der kulturfördernden Wirkung der Religionen gibt es also noch eine handfeste, die sich auf die Lebensbewältigung richtet und auch diese positive Seite wird von Dawkins nicht herausgestellt.

---

* Nach v. Hayek sind Religionen nicht wahr, aber sie führen dazu, Kinder zu bekommen.

VIERTER BRIEF

Tübingen, Ende Mai 2009

Lieber D. S.,

Du fragst, wie ein Glaube entsteht und wie man ihn im Verhältnis zur Wissenschaft sehen soll. Darauf kann ich als Nichtgläubiger nur eine Teilantwort geben, doch dürfte in jedem Fall zutreffen, dass die Vorstellungen eines Glaubens und das aus den verschiedenen Vorstellungen am Ende zusammengesetzte religiöse Weltbild nicht auf der Grundlage von Experimenten oder irgendwie belegbaren Einsichten in die Wirklichkeit, sondern maßgeblich durch Traumerlebnisse, Meditation, Intuition, Nachdenken, Extrapolation, Offenbarungen etc. zustande kommt. Auf welchem Wege sich aus diesen Modalitäten der Weltdeutung dann die heute in einem gewissen Umfang an deren Stelle getretenen Formen der Erkenntnisgewinnung mit Hilfe vor allem der (positiven) Wissenschaft entwickelt haben, dazu will ich einige Vermutungen anstellen:

- Soweit sich die Offenbarungen auf Phänomene der Wirklichkeit beziehen (u. a. Jagd, Wetter, Krankheit), treffen die darauf gründenden Vorhersagen nur zufällig zu. Dies regt zu Änderungen bei den Annahmen der unterstellten Verursachungen an und führt über »Trial and Error« u. U. zu einer besseren »Theorie« (in der Medizin etwa von der Vorstellung einer

Vierter Brief

Krankheitsverursachung durch Geister zu der durch falsch zusammengesetzte Säfte und sehr viel später zu der durch morphologisch veränderte Zellen, Gewebe und Organe).

- Soweit sich die Offenbarungen auf transzendente Phänomene beziehen (Schöpfungsvorstellungen, Todesmythen) gibt es grundsätzlich keinen Anlass, die Vorstellungen innerhalb einer Glaubensgemeinschaft zu ändern, da ihre Richtigkeit nicht überprüft werden und sie sich in keiner Hinsicht erweisen kann. Zu Änderungen mag es aber kommen, wenn aus Konkurrenzgründen innerhalb der Gemeinschaft (z. B. von der Priesterschaft) Alternativen entwickelt oder bei Kontakt mit benachbarten Gemeinschaften neue Gedanken aufgenommen und so Anstöße zu Änderungen gegeben werden.

- Praktische Bedürfnisse im Zusammenhang mit dem Übergang vom Jäger- und Sammlerstatus zur Sesshaftigkeit (Landvermessung, Vorhersage astronomischer Ereignisse, von Überschwemmungen, Führen eines Kalenders, Zeiteinteilung des Tages) haben im Laufe der Zeit und vor allem durch das Aufkommen der Mathematik zu mehr Rationalität geführt, wobei gleichzeitig mit dem Erkenntnisgewinn auch das Theoriebedürfnis besser befriedigt werden konnte, ohne dass deshalb notwendigerweise religiöse Aussagen verworfen werden mussten: Mythologische und

Vierter Brief

erfahrensbasierte Vorstellungen können nebeneinander existieren, auch wenn sie einander widersprechen.

- Auf Dauer jedoch sind Widersprüche zwischen religiösen und erfahrensbasierten Vorstellungen unbefriedigend und führen zu Anstrengungen, sie aufzulösen. Wenn die religiösen Vorstellungen der Ausgangspunkt der Anstrengungen zum Gewinn (idealtypisch experimentell) gesicherter Erkenntnisse sind, bestimmen sie zu Beginn unvermeidlich Ort und Personen, Inhalt und Richtung entsprechender Aktivitäten. In der christlichen Welt waren das zunächst Klöster, die nicht nur Zentren der Religion, sondern auch Orte der Wirtschaft und des Handels waren, an denen neben der Glaubenausübung technische Innovationen Aufmerksamkeit fanden. Und auch die Universitäten mit der Zweckbestimmung, die Wissenschaft um ihrer selbst willen und nicht für die kirchliche Ausbildung zu betreiben, blieben als neue Stätten des Wissens und der Forschung in dem durch religiöse Überzeugungen gesetzten Rahmen. Die so im Laufe der Zeit unter dem Einfluss zahlreicher Faktoren (Klima, Bevölkerungsdichte, Verfügbarkeit von Energie, Konkurrenz von Gesellschaften usw.) entwickelte »westliche« Zivilisation hat insoweit letztlich einen »christlichen« Ursprung.

Wissenschaft, im umfassenden Sinn verstanden als Bemühen, zu in sich schlüssigen, intersubjektiv vermittelbaren Aussagen über Sachverhalte zu kommen, ist weder vom Ob-

Vierter Brief

jekt, noch von der Methodik, noch vom Zweck her ein einheitlicher Gegenstandsbereich. Auch die durch Offenbarung verfügbar gewordenen Vorstellungen können daher durchaus zum Objekt einer wissenschaftlichen Analyse werden, etwa, um sie in sich stimmig zu machen (Theologie), ebenso die das Zusammenleben in der Gemeinschaft regelnden Ordnungssysteme (Jura), die Annahmen zum Entstehen und zur Heilung oder Linderung von Krankheiten (Medizin) und auch der Werke verschiedener Künste, die ihrerseits (ähnlich wie die Religion) biologisch auf einem Drang des Menschen, hier nach schöpferischer Gestaltung, gründen dürften.

Mit der Wissenschaft wird übergreifend das Ziel verfolgt, eine Annäherung unserer Vorstellungen an die Wahrheit zu erreichen und idealtypisch, Gesetze zu finden, mit denen Voraussagen über zukünftige Zustände eines Systems möglich sind. Kant bringt dies auf den Punkt, wenn er sagt, eine Wissenschaft habe genau soviel Wissenschaft in sich, so viel Mathematik in ihr sei. Das macht die große Bedeutung der positiven Wissenschaften verständlich, deren letztes Ziel es ist, durch Einsicht in die zugrundeliegenden Mechanismen die Natur zum Nutzen des Menschen zu beherrschen. In den Geisteswissenschaften geht es hingegen wesentlich um Einblicke in die *conditio humana*, die Selbstvergewisserung des Menschen und ein Verständnis von Geschichte und Formen des Zusammenlebens.

Die so gebildeten großen Wissenschaftsbereiche unterscheiden sich nach Ansicht einiger Wissenschaftstheoretiker so

Vierter Brief

sehr, dass nachgerade von »zwei Kulturen« gesprochen werden kann,[17] wofür einige Beobachtungen sprechen.

Erstens: Wenn aktuell in der Bundesrepublik immer wieder die Wissenschaft als eine wesentliche Grundlage für die Gewährleistung eines materiellen Wohlstandes auch in fernerer Zukunft aufgefasst und mit Blick darauf ihre stärkere Förderung propagiert wird, dann geht es nicht in erster Linie um die Förderung der Geistes- sondern der Naturwissenschaften und der eng mit ihnen verbundenen technischen Disziplinen.

Zweitens: Zwischen den beiden »Hauptzweigen« der Wissenschaft gibt es eine Reihe von Spannungen, die sich aus unterschiedlichen Auffassungen von der Deutungshoheit ergeben und auch in sachlichen Widersprüchen ihre Erklärung finden, die es gerade im Verhältnis der Theologie zu einigen Naturwissenschaften gibt.

Das oben angeführte Ziel der Wissenschaft, eine Annäherung unserer Vorstellungen an die Wahrheit zu finden, wobei Wahrheit als Gegensatz zum Irrtum verstanden wird und die Angeglichenheit des Begriffes (des Verstandes) an das zu erkennende Ding meint, gelingt in einer nachprüfbaren Form, nämlich durch die Möglichkeit der Quantifizierung und der Vorhersehbar-, ja der Vorausberechenbarkeit, nur in den Naturwissenschaften. Daraus folgt die Überlegenheit von deren Erkenntnissen in Begriffen von praktischem Nutzen im Vergleich zu den als wahr angenommenen Meinungen und

Vierter Brief

Interpretationen, aus denen die Masse der Aussagen in den Geisteswissenschaften bestehen.

Hieraus, und nicht etwa aus einer grundsätzlichen Antinomie von Glaube und Vernunft folgen Spannungen. Offenbarte Aussagen und Ergebnisse interpretatorischer Bemühungen können durch naturwissenschaftlich gewonnene Aussagen in Frage gestellt werden, **nie** aber ist das Umgekehrte möglich. Und im Laufe der Zeit mussten ganz zentrale religiöse Vorstellungen zu Gunsten naturwissenschaftlich gewonnener korrigiert werden. Das trifft sogar zu, wenn sie oberflächlich betrachtet dasselbe zu sagen scheinen. Augustinus ist beispielsweise durch eine konsequente Auffassung des »Nichts«, das mit dem Wirklichwerden der Welt aufgehoben wurde, zu der Ansicht gelangt, dass auch Raum und Zeit erst mit diesem Wirklichwerden entstanden sind. Sprachlich und inhaltlich ist das identisch mit den Vorstellungen, die im Rahmen der »Urknalltheorie« entwickelt worden sind. Aber die Wege zu dieser Erkenntnis und auch ihre Qualität sind völlig verschieden: Bei Augustinus ist es das Ergebnis äußerster begrifflicher Genauigkeit, im Rahmen der Urknalltheorie aber u. a. von astronomischen Beobachtungen, quantenmechanischen Berechnungen und Deduktionen. Vergleichbar sind viele der mit dem christlichen Schöpfungsmythos übernommenen Vorstellungen im Laufe der Zeit korrigiert worden oder mussten aufgegeben werden, u. a.:

- Die Vorstellungen vom Entstehen des Universums.

- Die Vorstellungen von der Gestalt der Erde.

Vierter Brief

- Die Vorstellungen vom Alter der Erde.

- Die Vorstellungen von der Stellung der Erde im Sonnensystem.

- Die Vorstellungen vom Entstehen des Lebens.

- Die Vorstellungen vom Auftreten und der Stellung des Menschen als Ziel der Schöpfung.

- Die Vorstellungen von der Freiheit und der Verantwortlichkeit des Menschen.

Es gibt keinen Grund zu der Annahme, dass damit das Infragestellen religiöser Vorstellungen durch naturwissenschaftliche Erkenntnisse zu einem Ende gekommen sein könnte. Wie wenig das der Fall ist, zeigen die neueren Hinweise auf die genetische Quelle der Religiosität und auch Befunde der »Neurotheologie«, die anhand von Hirnaktivitäten die Religiosität zu verorten sucht. Oder: In jüngster Zeit wurden gedankliche Vorstellungen über die Zeit vor dem »Urknall« gewonnen:[18] Danach hat es eine Zeit und ein Universum vor dem Urknall gegeben, und zwar in einer negativen Zeitdimension als inverse Kopie seiner selbst, quasi ein Spiegeluniversum in einer umgestülpten Zeitdimension. Daraus folgt: »Das Universum hatte keinen Anfang, es existierte immer schon« – womit beiläufig der als Gott aufgefasste »Grund« entfiele.

Vierter Brief

Zwar können wissenschaftliche Erkenntnisse das Selbstverständnis des Menschen einschneidend berühren, wie das die Evolutionstheorie besonders eindrucksvoll zeigt, doch gerade deshalb finden sie keineswegs umgehend und durchgängig Zustimmung bei allen Gläubigen und ersetzen bei ihnen bisher gültige Annahmen. Die zögerliche oder gar ausbleibende Verinnerlichung ist erstaunlich, wenn man bedenkt, wie technische Produkte, die auf Erkenntnissen aus den verschiedensten Bereichen der Wissenschaft aufbauen, bereitwillig akzeptiert werden: Auch Kreationisten nutzen schließlich moderne Techniken, d. h. sie mögen zwar Wort für Wort an die Schöpfungsgeschichte glauben, also was in der Bibel zu finden ist, genau wie es dort steht für wahr halten, aber gleichzeitig fahren sie Auto, essen gentechnisch modifizierten Mais, machen Gebrauch vom Internet und wenden andere moderne Techniken im Alltag an.

Immerhin waren keine Kreationisten zu dem erwähnten Symposion in Rom über das Verhältnis von Religion und Evolutionstheorie geladen. Man will einen zweiten Fall Galilei vermeiden und akzeptiert *nolens volens* die durch eine überwältigende Fülle von Befunden gestützte Evolutionstheorie. Es ist dann auch nur konsequent, von der Vorstellung eines Schöpfergottes bisherigen Verständnisses aufgrund der inzwischen vorliegenden wissenschaftlichen Erkenntnisse der positiven Wissenschaften Abstand zu nehmen. Daraus folgt ja nicht zwingend, auch den Gedanken einer »Schöpfung« (verstanden als Bildung eines komplexen Neuen aus einfach organisierten Vorstufen) aufzugeben: Man kann sie nun darin sehen, dass sich in dem nach den biologischen Gesetz-

Vierter Brief

mäßigkeiten entstandenen Menschen der »Geist« geformt hat oder aber die Schöpfung jedes Mal beim Entstehen und Wachsen eines neuen Menschen stattfindet, also ein kontinuierlicher Vorgang ist.

Dem kann man vollinhaltlich zustimmen, denn das Werden eines Menschen (wie eines jeden Lebewesens) ist wahrlich ein schöpferisches Wunder, und zwar ein Wunder, das wir durch weitere Anstrengungen der Wissenschaft in seinen Einzelheiten immer besser verstehen und gerade deshalb immer mehr bestaunen können.

Du verweist in Deinem Brief darauf, dass in den Naturwissenschaften nicht alle Aussagen einen gleichsam ehernen Charakter haben und auch bei ihnen der Begriff der Wahrheit problematisch ist. Ohne jede Einschränkung zugegeben und dennoch bleiben bedeutende Unterschiede zum Glauben, bei dem man gewiss nicht sagen wird, dass die Wahrheiten von heute die Irrtümer von morgen seien. In den (positiven) Wissenschaften trifft das zu und ist das Ergebnis des wissenschaftlichen Erkenntnisbemühens, das zur »Falsifikation« bisher gültiger Ansichten führen kann. Die in seinem Zuge erhobenen neuen Befunde und die daraus entwickelten neuen Vorstellungen sind dann der Inhalt von dem, was man allgemein als »Fortschritt« sieht.

Der Fortschritt führt dazu, unser Weltbild immer genauer zu machen sowie neue Techniken zu entwickeln, mit denen alte Zwecke effizienter oder völlig neue Zwecke erstmals verfolgt werden können. Nach den Erfahrungen der letzten Jahrhun-

Vierter Brief

derte gehen damit erhebliche Vorteile in Begriffen von Wohlstand und Lebensqualität der Bevölkerung einher, was nicht im Widerspruch steht zu den grundsätzlich auch gegebenen Möglichkeiten von Schadfolgen vieler Techniken. Das reicht von der Versalzung des Bodens als Folge einer Bewässerung, wie sie schon vor Urzeiten in Mesopotamien auftrat, bis zu den mannigfaltigen Umweltschäden durch Großindustrien in unseren Tagen: Die Komplexität der Wirklichkeit ist so groß, dass die Folgen von Eingriffen in sie nicht in all ihren Details rational erfasst und daher auch nicht vorausgesehen und günstigenfalls vermieden werden können.

Neue Erkenntnisse werden teils durch die Anwendung bereits gebräuchlicher Methoden auf bisher unbeachtet gebliebene Sachverhalte oder durch die Anwendung neuer Methoden auf u. U. bereits mit älteren Verfahren untersuchte Sachverhalte gewonnen. Auf diese Weise überholte ältere Vorstellungen und Techniken werden im Laufe der Zeit aufgegeben, bis sie irgendwann nur noch historisches Interesse haben. Da die modernen Vorstellungen meist differenzierter und neue Techniken effizienter sind als alte, kann man letztere mit einigem Recht als überholt einstufen, obwohl sie zu ihrer Zeit nützlich waren und völlig den Bedürfnissen und den in sie gesetzten Erwartungen entsprachen: Man hatte zu ihrer Zeit keine Vorstellung von dem, was der Fortschritt noch bringen könnte. Sie bildeten in ihrer Gesamtheit die Grundlage für den ferneren Fortschritt mit den uns aktuell verfügbaren Techniken und derzeit gültigen Auffassungen, die ihrerseits nun Bedürfnisse zu befriedigen vermögen und höheren Erwartungen entsprechen und ihrerseits Grundlage für weite-

Vierter Brief

re Fortschritte sein werden – ohne eine Vorstellung davon zu haben, worin er bestehen und welches Ergebnis er am Ende haben wird! Die Unberechenbarkeit seines Verlaufs und die »Ergebnisoffenheit« zeigen, dass die wissenschaftlich-zivilisatorische Entwicklung, vergleichbar den Vorgängen, die in der belebten Natur zur Vielfalt der Arten geführt hat, ein evolutionärer Prozess ist, bis hin zur Möglichkeit einer Katastrophe.

Ganz anders scheint mir dies bei vielen religiösen Lehren zu sein, kann es hier doch eine Gewissheit vom »Ziel der Geschichte« geben. Speziell in der christlichen Religion findet sie ihr Ende mit der Verwirklichung des Reiches Gottes auf Erden, was nicht durch einen vom Menschen getragenen Fortschritt selbst hergestellt, sondern nur durch Gottes Gnade empfangen werden kann. Im Lichte dieser Lehre ist mir Deine Charakterisierung von Dawkins Auffassung als »hinterwäldlerisch« und »überholt« unverständlich: Die grundlegenden Aussagen und Vorstellungen einer Religion werden ja als göttlichen Ursprungs gesehen und da der allwissende und allmächtige Gott seine Gesetze und Regeln, Vorhersagen und Eingriffe in den Gang des Weltgeschehens nicht im Laufe der Zeit und immer wieder korrigierend optimiert haben kann – begriffsnotwendig gehört die Vollkommenheit zu seinem Wesen – müssen alle jemals gültigen Sätze einer Religion grundsätzlich auch heute noch gültig sein. Es sei denn, Gott hätte sich noch einmal in ähnlicher Weise zu dem gleichen Gegenstand, jedoch eben inhaltlich anders offenbart wie zu der Zeit, da er als Schöpfer und Allmacht am Anfang der Zeiten seine Wirkung entfaltet hat, um den modernen Zeiten gemäßere Regeln und Urteile zu verkünden.

Vierter Brief

Hierfür gibt es keine Belege, und so dürften die Korrekturen und Ergänzungen samt und sonders Menschenwerk sein, seien es diejenigen der vom Heiligen Geist geleiteten katholischen Kirche, seien es diejenigen des einzelnen evangelischen Christen. Dann aber kann nicht stimmen, dass Gott sich in einer gleichsam fertigen, ewig gültigen Form geoffenbart hat, in der vom Beginn bis zum Ziel der Geschichte alles abschließend behandelt wurde. Vielmehr wäre jede einzelne Religion wie ein biologischer Organismus oder eine soziale Struktur im Laufe eines evolutionären Prozesses aus einer ursprünglicheren Form erst allmählich zur heutigen Ausdifferenzierung herangereift.*

Unstrittig trifft das auf das Christentum zu, das »als eine der Menschheit durch Christus zuteil gewordene göttliche Offenbarung gesehen wird, deren Erkenntnis nach katholischem Verständnis aus der Bibel und der Tradition, nach protestantischem allein aus der Bibel geschöpft und unter dem Einfluss des Heiligen Geistes aufgezeichnet worden ist«, wie es bei v. Glasenapp heißt. Man darf ja nicht vergessen, dass erst sehr lange nach der Erschaffung der Welt mit dem Auftreten von Jesus die historischen Ereignisse in Gang gesetzt worden und die für den christlichen Glauben entscheidenden Lehren in die Welt gekommen sind, die dann für Jahrhunderte den Gang der Geschichte bestimmten und ungeach-

---

* Der Koran allerdings wurde (dem des Schreiben unkundigen) Mohammed vom Erzengel Gabriel als Wort Gottes diktiert. Seine Aussagen sind daher wortwörtlich zu nehmen und deshalb hat er auch keine nennenswerten Modifikationen im Laufe der Zeit erfahren.

Vierter Brief

tet des inzwischen erfolgten »Glaubenverlustes« noch heute auf etlichen Gebieten eine tragende Rolle spielen. Verschlossen bleibt mir als Laien, was sich vorher abspielte, also ob es beispielsweise eine Erlösung des mit der Erbsünde belasteten Menschen vor dem Erscheinen von Christus gegeben hat und wie überhaupt all die Dinge vor seiner Zeit geregelt waren, für die seine Lehre steht.

Dass sie nicht aus einem Guss und wohl kaum als ausschließliches Werk Gottes gesehen werden kann, folgt auch aus dem Umstand, dass offenbar für die Zukunft mit weiteren Korrekturen und neuen Interpretationen gerechnet wird. Der auch Dir bekannte H.-J. F. hat mir berichtet, dass er im Zuge seiner Ausbildung zum mutmaßlichen Funktionsträger der Kirche auf weitere Herausforderungen vorbereitet wurde, die Anlass zu Änderungen geben könnten: Ihm wurden in der Klosterschule und an der Universität neben den Spezialfächern gewisse Grundzüge der modernen Naturwissenschaften vermittelt, um ihm das für die Auseinandersetzung zwischen religiöser Lehrmeinung und wissenschaftlichen Erkenntnissen dienliche Wissen zu vermitteln. Daraus ist aber zu schließen, dass die religiöse Lehre nicht nur im Laufe der vergangenen Zeit immer wieder Korrekturen und Modifikationen nicht-göttlichen Ursprungs erfahren haben muss, sondern auch heute und weiterhin fortlaufend erfährt. Dies mag nicht auf die »Essentials« einer religiösen Lehre zutreffen (beispielsweise halten die christlichen Religionen u. a. an der Vorstellung der Sündhaftigkeit des Menschen, der Jungfräulichkeit Marias, der Auferstehung von den Toten, dem Vorhandensein einer Hölle, dem Wirken von Satan fest), doch

Vierter Brief

ändert dies nichts daran, dass in vergangenen Zeiten Aussagen und – schließt man Luther in die Betrachtung mit ein – auch Dogmen aufgegeben worden sind, die einmal uneingeschränkte Gültigkeit hatten. Daraus kann man folgern, dass auch Aussagen und Dogmen in ihrer heutigen Fassung über kurz oder lang zur Disposition gestellt werden könnten, religiöse Lehrsätze demnach keine ewigen Wahrheiten sind. Dann träfe das mit »hinterwäldlerisch« und »überholt« zu und auch heute gültige Lehrsätze würden früher oder später eine solche Charakterisierung erfahren können.

Korrekturen und Anpassungen von Lehrsätzen sind gewandelten Grundeinstellungen der Menschen geschuldet, ein Wandel, der im europäischen Kulturkreis, beginnend Ende des 17. Jahrhunderts, zum einen entscheidend durch die Erkenntnisse der aufkommenden positiven Wissenschaften bewirkt wurde und zum anderen durch die im Zuge der Aufklärung schwindende Bereitschaft, sich mit der religiös begründeten Unmündigkeit des Menschen abzufinden, was zusammen zu einer Änderung der Verhältnisse drängte. Zum Beweis genügt ein Beispiel, das zeigt, wie den in früheren Zeiten von der Kirche selbst vertretenen Prinzipien der Liebe und Barmherzigkeit widersprechende Regelungen aufgehoben wurden.

Nach Augustinus sollen ungetaufte Kinder unerlöst und für alle Ewigkeit in die Hölle kommen, wo sie unendliche Pein erleiden.[19] Diese, vor allem die tiefgläubigen Eltern solcher Kinder schwer belastende Lehrmeinung beschäftigte nicht nur die Zeitgenossen des Heiligen und Gläubige bis in un-

Vierter Brief

sere Tage, sondern auch hochrangige Vertreter der katholischen Kirche, die auf einschlägigen Treffen darüber diskutierten, was mit Kindern geschieht, die gestorben sind, bevor sie die heilige Taufe erhielten. Hierzu merkt Sam Harris in seinem im Jahr 2006 im englischen Original erschienenen Buch an, »ob man sich ein aussichtsloseres geistiges Unterfangen vorstellen kann, als ohne jeden Beweis über das ewige Schicksal ungetaufter Kinder zu beraten«.[20]

Das muss schließlich auch die Kirche so oder ähnlich gesehen haben, denn sie hat ihre Lehrmeinung nach dreijährigen intensiven Beratungen einer internationalen Vatikan-Theologenkommission geändert: Es gebe nach Abwägung aller Argumente Grund zur Hoffnung, »dass ungetauft gestorbene Kinder gerettet werden«, heißt es im Abschlussbericht der Kommission. Papst Benedikt XVI. stimmte im Jahr 2007 dem Dokument mit dem Titel »Die Hoffnung auf Heil für ungetauft gestorbene Kinder« zu. Damit wurde, was Jahrhunderte offizielle Lehrmeinung war, aufgegeben.

Es lässt dies aber auch Gott in einem erstaunlichen Licht erscheinen und Zweifel an seiner Barmherzigkeit und Allmächtigkeit aufkommen: In seinem Ermessen hätte es gelegen, seiner ihm zugeschriebenen Wesenheit entsprechend den unschuldigen Kindern ein solches Schicksal zu ersparen und seine Vertreter auf Erden so zu erleuchten, dass sie nicht über Jahrhunderte Eltern Seelenqualen bereiten, von deren Größe wir uns in unserer säkularisierten Zeit keine Vorstellung machen können. Vergleichbares trifft auf die bis heute nicht korrigierte Vorstellung von der Hölle zu, in die

Vierter Brief

Sünder nach ihrem Ableben kommen sollen und die ein Ort des Untergangs ist, der ewigen Züchtigung, des Hinausgestoßenseins in die Finsternis, wo Heulen und Zähneknirschen sein werden und Flammen der Peinigung lodern. Die Drohung mit diesem den Sündern in Aussicht gestellten Schicksal ist in der Hand der Kirche ein wirksames Instrument der Machtausübung, eine Vorstellung, die Angst und ein schlechtes Gewissen bei ihren Anhängern erzeugt.

Mit einem durch keinen Glauben geprägten Menschenverstand betrachtet, erwartete man doch von einem allmächtigen, gütigen und barmherzigen Gott, der die Verstorbenen nach Hoffnung ihrer Hinterbliebenen liebevoll in seine Arme nehmen soll, dass er genau so handelt und wirkt, wie das diesen Begriffen nach menschlichem Verständnis entspricht. Und ein anderes als menschliches Verständnis steht dem Menschen nun einmal nicht zur Verfügung. Jedenfalls entspricht es diesem Verständnis und den genannten Begriffen weder, ungetaufte Kinder in die Vorhölle zu schicken und sie dort ewiger Pein auszusetzen, noch, was Harris als weiteres Beispiel anführt, einen Tsunami zuzulassen, der Hunderttausenden und darunter auch Tausenden unschuldiger Kindern das Leben kostet. Natürlich kann man sich nun mit Vernunftakrobatik eine Erklärung zusammenreimen, von einer Strafe für die Sündhaftigkeit der Welt ausgehen, die Gerechte und Ungerechte trifft, aber beim Anwenden rationaler Kriterien – und es ist nicht einzusehen, warum solche Fragen, die auch nach dem Zeugnis ihrer höchsten Repräsentanten keineswegs im Widerspruch, sondern im Gegenteil im Einklang mit der Vernunft stehen, nicht nach ihnen bewertet

Vierter Brief

werden sollten! – lassen diese Erfahrungen daran zweifeln, dass Gott über die ihm zugeschriebenen Eigenschaften verfügt, ja, dass er überhaupt existiert: Auch sie sprechen wie seine Zurückführung auf das zum Phänotyp des Menschen gehörige Religionsvermögen gegen die Tatsächlichkeit Gottes.*

Er »existierte« nur als Fiktion in der Vorstellung der Anhänger der jeweiligen Religion. Als solche aber kann er durchaus als inneres Bild bei den Gläubigen die aus der genetisch verankerten Religiosität folgenden Bedürfnisse befriedigen und all die Eigenschaften haben, die ihm zugeschrieben werden, sodass die jeweilige Religion, deren zentraler und bestimmender Inhalt er ist, die ihr zugeschriebenen Funktionen erfüllen kann.

Die Befunde zur genetischen Veranlagung der Religiosität, ihr damit verständlicher Charakter als transkulturelle Universalie und der von ihr u. a. ausgeübte Einfluss auf die Fertilität können die fiktionale »Existenz« Gottes mit zureichendem Grund erklären. Wenn Kant den Gottesgedanken aus dem Geltungsbereich des auf Beobachtung und Beweise gestützten Erfahrungswissens befreit hat, so bringen ihn nun die Hinweise der »Neurotheologie« und »Theogenetik« dorthin zurück, denn sie zeigen, **warum** wir diese Fiktion haben. Gott liegt daher nicht mehr jenseits unserer raumzeit-

---

* Es geht *notabene* nicht nur um die Tatsächlichkeit des Gottes der Christen, sondern immer auch um Beweise für die von unzähligen anderen Göttern, an die in den verschiedenen Religionen noch heute geglaubt wird oder an die je geglaubt wurde, also auch um die Existenz beispielsweise von Zeus.

Vierter Brief

lich geprägten Weltzugänge, vielmehr wird die Gottesfrage auf die Ebene der Erfahrungswissenschaften gehoben. Versuche, Gott etwa als notwendige letzte Ursache des Vorhandenseins der Welt abzuleiten, werden damit hinfällig: Wir benötigen keine gewissermaßen Parallelerklärung seiner (fiktionalen) »Existenz«, so wenig, wie wir die Vorstellung eines Schöpfers brauchen, um das Entstehen des Lebens und die Vielfalt seiner Erscheinungen zu erklären.

Ob und welche Konsequenzen eine allgemeine Akzeptanz dieser Auffassung für die soziale Wirklichkeit hätte, ist schwer abzuschätzen, jedoch naheliegend, dass die Säkularisierung des gesellschaftlichen Lebens und die Emanzipation von gleichsam klassischen religiösen Bezügen sich tendenziell verstärkt fortsetzen könnten. Wie weitgehend das bereits geschehen ist, können wir Heutigen uns kaum noch vorstellen*, es sei denn, man verwendet das über die vom Islam bestimmten Länder einschließlich der Folgen der Scharia Berichtete, um sich ein Bild von früheren Verhältnissen bei uns zu machen: Das ganze politische, künstlerische, soziale und individuelle Leben war von religiösen Vorstellungen durchdrungen und richtete sich entscheidend nach ihren Regeln. In unserer Zeit hingegen spielt die Religion im Alltag kaum noch eine Rolle; gläubige Christen unterwerfen sich den Sachzwängen des modernen Lebens genau so wie nichtgläubige und das Praktizieren der Religion beschränkt sich für den weitaus größten Teil der Bewohner speziell in

---

* Wäre dieser Brief vor 500 Jahren in die Hände der Inquisition gefallen, mein Leben hätte auf dem Scheiterhaufen geendet.

Vierter Brief

unserem Land auf den (meist nur gelegentlichen) Besuch eines Gottesdienstes an Festtagen sowie die Inanspruchnahme eines Priesters im Falle von Taufe, Heirat und vor allem beim Begräbnis oder auch bei größeren Katastrophen. In Deutschland sind selbst die meisten einer Konfession Angehörenden keine wirklich gläubigen, sondern »soziokulturelle« Christen, wie das demoskopische Untersuchungen zeigen: Nach einer von Vaas und Blume zitierten repräsentativen Umfrage des Allensbacher Institutes glaubten im Jahr 1997 u. a. nur 35% die Annahme, dass Gott die Welt erschaffen hat, 41%, dass Jesus Gottes Sohn war, 30%, dass die Toten auferstehen werden und 10%, dass es eine unbefleckte Empfängnis Marias gab.

Lassen sich die Folgen dieses »Glaubensverlustes« irgendwie nachweisen? An verschiedenen Stellen in meinen Briefen habe ich die weit verbreitete Ansicht vertreten, dass die Religion einen positiven Einfluss auf die Moral des Einzelnen und den gesellschaftlichen Zusammenhalt hat. Kant nimmt übrigens gleichsam das Umgekehrte an, dass nämlich aus der Moral die Religion kommt, und für die Beantwortung der Frage was zuerst da war, Henne oder Ei, gibt es nun eine Art »Feldversuch«: Wenn die Religion tatsächlich den von ihr behaupteten oder ihr unterstellten positiven Einfluss auf das moralische Verhalten der Gläubigen und die Gestaltung der sozialen Verhältnisse hätte, dann müsste sich dies bei zunehmender Emanzipation von der Religion in den Bereichen nachweisen lassen, in denen sie eigentlich Effekte haben sollte, nämlich im Maß an Nächstenliebe, verwirklicht in Form von Solidarität, Gerechtigkeit, Gewaltlosigkeit, Friedfertigkeit usw. Anders als erwartet zeigen aber die Länder, in denen die Säkularisierung am weitesten fortgeschritten ist, nämlich die skandinavischen Wohlfahrtstaaten, die Niederlande, Großbritannien und auch Deutschland eine umgekehrte Bilanz, d. h. mit der Säkularisierung und der damit gewonnenen Freiheit von religiöser Bindung haben diese sozialen Tugenden eine deutliche Stärkung erfahren. Und vergleichbare Tendenzen gibt es, worauf Sam Harris hinweist, in den USA, wo in den traditionell konservativen, d. h. aber auch ausgeprägter religiösen südlichen Bundesstaaten Kriminalitätsraten, soziale Ungleichheit, Diskriminierung von Frauen und Farbigen entgegen den Idealen des Christentums größer sind als in den stärker säkularisierten nordöstlichen Bundesstaaten und Kanada. Offenbar haben mit den durch die Säkularisation in Gang gebrachten Entwicklungen neue Normen Verbindlichkeit gewonnen, die den Verlust an religiös begründeter Moral ausgleichen.

FÜNFTER BRIEF

Tübingen, Juni 2009

Lieber D. S.,

Mich hat nicht überrascht, von Dir eine kritische Antwort auf meinen letzten Brief zu erhalten, denn ich komme ja in ihm recht rücksichtslos zur »Sache«. Auch wo Du nicht explizit meine dort entwickelten Annahmen ablehnst, machst Du es implizit sehr wohl, wie ich aus dem Hinweis auf die strikten Lehrsätze (»*de fide*«) schließe, nach denen Gott den Menschen aus NICHTS erschaffen hat. Das kann ich in meinem von der Vorstellung einer Evolution des Menschen bestimmten Weltbild nicht unterbringen.

Überhaupt nicht unterbringen kann ich natürlich auch den Gedanken, dass Adam nach Leib und Seele durch ein besonderes Eingreifen Gottes erschaffen worden ist in dem Sinne, dass eine Entwicklung aus dem Tierreiche völlig ausgeschlossen ist, mindestens *sententia certa* bezüglich der Seele, *sententia longe communior* bezüglich des Leibes. »Während für die Deszendenz des Leibes gelegentlich Argumente vorgebracht werden (die allerdings offiziell zurückgewiesen wurden), ist die Ausdehnung der Deszendenztheorie auf die menschliche Seele unzulässig.«[21]

Damit wird eine Denksperre verordnet, und es ist schade, dass Du nicht erkennen lässt, wie Du selbst mit solchen Sät-

Fünfter Brief

zen umgehst. Den Offiziellen der Kirche muss jedenfalls, wenn man diese dogmatischen Aussagen betrachtet, die Einsicht schwer fallen, dass essentielle Inhalte ihres Glaubens im Lichte wissenschaftlicher Erkenntnisse nicht mehr gültig sein können. So kann die unumstößliche Tatsache, dass der rezente Mensch sich in vielen Jahrhunderttausenden nach den bekannten Gesetzen der Evolutionsbiologie aus ursprünglichen Formen zur heutigen herangebildet hat, nicht ohne tiefgreifende Folgen auch für einzelne Lehrinhalte bleiben: Beispielsweise gab es an keiner Stelle dieser Entwicklung einen »Sprung«, der es rechtfertigen könnte zu sagen, dass da die »Menschwerdung« stattfand. Nur unter der Annahme einer mehr oder weniger schlagartigen Menschwerdung aber, die vor dem Gewinn von Erkenntnissen der Evolutionslehre alleine denkbar war, konnte im Christentum die Vorstellung der Erbsünde aufkommen, die dann bis in die letzten Details argumentativ zu einem Ganzen zusammengefügt wurde – mit unmittelbaren und gewichtigen Auswirkungen auf die religiöse Wirklichkeit. Wie in sich geschlossen das in der Dogmatik niedergelegt ist, wird aus dem diesbezüglichen Passus deutlich, den Du aus dem Buch von Diekamp in Deinem Brief zitierst hast:

Adam und Eva haben im Paradiese durch die Übertretung des göttlichen Gebotes schwer gesündigt. Sie ist in den Nachkommen Adams, und zwar in jedem einzelnen, eine eigene Sünde. Die Erbsünde ist eine innere Ungerechtigkeit jedes einzelnen Menschen, freilich nicht aufgrund eigener Verschuldung, sondern als Sünde der Natur. Die Sünde Adams wohnt allen Menschen als ihre eigene inne, weil sie die menschliche Natur

Fünfter Brief

der ursprünglichen Gerechtigkeit beraubt hat und diese Gnadenentblößtheit alle Inhaber dieser Natur förmlich zu Sündern macht.

Nach dem Ratschlusse Gottes ist die Erlösung der Menschen durch seinen menschgewordenen Sohn vollzogen worden. Dass Gott Mensch geworden ist, ist ein Glaubensgeheimnis im vollsten Sinne (mysterium strictum), d. h., die bloße Vernunft ist weder imstande, es ohne die Offenbarung überhaupt zu erkennen, noch kann sie es nach der Offenbarung positiv als möglich beweisen.

Das ist auch ein Dogma mit »Denksperre«, wobei ich außen vor lasse, wie man auf den »Gedanken« kommen, wie man als zentrale Glaubenslehre vertreten kann, den neuen Menschen nicht unschuldig (nichts erscheint uns so unschuldig, wie ein neugeborenes Kind!), sondern im Gegenteil mit schwerer Schuld belastet in die Welt treten zu lassen. Aber schieben wir das einmal beiseite und stellen die Frage, wie man sich das Begehen der Erbsünde im Lichte der Evolutionstheorie vorstellen soll: Bei einem prototypischen »Adam« (nebst Eva) ist das irgendwie in einen logischen Zusammenhang mit seinem Auftreten zu stellen. Aber welchem Subjekt in dem bezüglich u. a. des aufrechten Ganges und des »Hirnigkeitsindex« im Verlauf von ca. 2,5 Millionen Jahren abgelaufenen Entwicklung vom Zwergschimpansen zum *Homo sapiens* soll oder könnte man ein solches, für die christliche Religion so zentrales Ereignis zuschreiben? Wer dieses Entwicklungskontinuum vor Augen hat, kann unmöglich von der Wahrheit einer Lehre ausgehen, die einzig und allein Sinn macht, wenn man eine sprunghafte Menschwerdung unterstellt. Das trifft auch dann zu, wenn man (vernünftigerweise) nicht naiv von einem Individuum »Adam« ausgeht, mit dem die Geschichte des Menschen nach dem Zeugnis der Bibel begonnen haben soll, sondern von Adam als Metapher für den Menschen oder auch der »Menschheit« als Ganzes, aber von einer Menschheit auf einer Entwicklungsstufe, die notwendigerweise irgendwie der unseren zumindest insoweit vergleichbar gewesen sein müsste, als mit ihr die Vorstellung eines Bewusstseins von Sünde und Schuld verträglich ist.

So problematisch es in Hinsicht auf das damit verbundene, den tief Gläubigen sehr belastende Schuldbewusstsein auch ist, der Lehre von der Erbsünde einen so hohen Stellenwert zuzuweisen, unter psychologischen Gesichtspunkten ist es eine fruchtbare Annahme: Sie bindet den Gläubigen durch sein hieraus folgendes Verlangen nach Buße und Vergebung an die Kirche.*

Verdiente Leistungen auf der anderen Seite, eigenes Tun und daraus folgend günstige Ergebnisse, die gewisse Ansprüche sichern könnten, gibt es nicht und darf es für den Menschen auch nicht geben: Nur unter dieser Bedingung fehlt eine Verkettung von Ursache und Wirkung. Gäbe es sie, würde sie

---

* Nietzsche schreibt: »Psychologisch nachgerechnet, sind in jeder priesterlich organisierten Gesellschaft die ›Sünden‹ unentbehrlich; sie sind die eigentlichen Handhaben der Macht, der Priester *lebt* von den Sünden, er hat nötig, dass ›gesündigt‹ wird.«

Fünfter Brief

Gott in seiner Entscheidung fesseln, wem die Gnade zukommt.

Derart subtile und logisch kohärente Vorstellungen konnten nicht von Menschen irgendeiner beliebigen Vorstufe entwickelt werden, sondern erst von Menschen mit einem dem unsrigen vergleichbaren Abstraktions- und Denkvermögen. Dieses muss sich seinerseits evolutionär herausgebildet haben – aber auf welcher Stufe war es ausreichend, solche Glaubensinhalte zu verstehen? Oder sollte man nicht besser sagen: sie zu entwerfen?

Mit Blick auf Gott stellt sich eine weitere Frage, nämlich von welcher Entwicklungsstufe an seine Barmherzigkeit nach unerforschlichem Ratschluss denn wirksam war? Ist unseren unmittelbaren und erst recht unseren ferneren Vorfahren das Schicksal zuteil geworden, für immer unerlöst in der Hölle unendliche Qualen zu leiden oder sind sie nur im Vorstadium der Hölle verblieben, wie das lange für die ungetauften Neugeborenen als Lehrmeinung vertreten wurde? Vielleicht findet sich einmal ein Dante, der die »Göttliche Komödie« unter Berücksichtigung der Evolution des Menschen schreibt, mit stufenweiser Zunahme der Schuldhaftigkeit und davon abhängiger Schwere der Sühne in den verschiedenen Entwicklungsstadien auf dem Weg zum Homo sapiens. Diese Vorstellung ist für mich nicht weniger absurd als die der Erbsünde, der Jungfräulichkeit Marias, von Satan, Fegefeuer, Hölle, der Auferstehung des Fleisches, der Dreifaltigkeit usw. Sie machen mir unmittelbar verständlich, dass die Aussage von Quintus Tertullian zutreffen könnte, gerade das Absur-

Fünfter Brief

de sei zu glauben: *Credo, quia absurdum*. Doch was bedeutete dies für das Verhältnis von Glaube und Vernunft, die doch vereinbar sein sollen?

Man kann im Lichte der bereits zitierten Aussage von Dobzhansky, dass nichts in der Biologie Sinn macht, wenn man es nicht im Lichte der Evolution betrachtet, solche Überlegungen nicht als blasphemisch beiseite schieben oder für irrelevant zur Deutung religiöser Lehren erklären. Schließlich müssen religiöse Annahmen ja mit dem, was wir wissen, verträglich sein (wir können nicht von unserem Wissen Abstand nehmen!) – wobei sich noch einmal die Frage stellt, was eigentlich unter Glauben und was unter Vernunft zu verstehen ist. Vielleicht kann man hier soviel sagen: Grundsätzlich hat der Glaube einen Inhalt, während mit der Vernunft das Denkvermögen gemeint ist, ohne dass damit zwingend irgendein Inhalt verbunden sein müsste. Glauben, so verstanden, liegt mit Wissen auf der gleichen Ebene, nicht aber mit Vernunft.

In Abhängigkeit vom jeweiligen Stand des Wissens wird das, was vor der Vernunft bestehen kann, sich ändern und dies geschieht laufend im Zuge des wissenschaftlichen Fortschrittes. So werden immer mehr Einsichten gewonnen, mit denen selbstredend auch die Stichhaltigkeit offenbarter »Wahrheiten« kritisch zu bewerten ist, und dazu zählen auch und gerade die, welche sich auf das Entstehen des Menschen beziehen. Und hier ist heute alleine die Aussage vertretbar, dass er in seiner uns vertrauten Form nicht schlagartig in all seiner Komplexität von einem allmächtigen Gott in die Welt gesetzt wurde und plötzlich vorhanden war, sondern sich all-

Fünfter Brief

mählich in Jahrmillionen, mit allen Konsequenzen, die dem auch für seine intellektuelle und psychische Entwicklung zukommt, aus vergleichsweise »primitiveren« Formen herangebildet hat. An diesen Realitäten kann man mit noch so feinsinnigen Überlegungen nicht vorbei kommen, sie müssen vielmehr in sich schlüssig in das Gesamtbild eingefügt werden können, das wir uns vom Menschen machen, dem, was er ist, dem, was er glaubt und dem, was er denkt.

Unverändert hat hier freilich die Religion mit der Bildhaftigkeit ihrer Deutungen, dem Rückgriff auf Gleichnisse und der Möglichkeit des Hinweises auf einen »Allmächtigen«, der bei Bedarf die Rolle eines *Deus ex machina* übernehmen kann, für die Masse der Bevölkerung einen großen Vorteil: Wissenschaftliche Erklärungen sind in der Regel schwieriger zu verstehen, sie setzen viel voraus, sind – wem sage ich das? – überdies lückenhaft (was ihnen gerne als Nachteil angerechnet wird), haben unüberwindliche Grenzen und das wird sich wohl nie ändern. Daher wird es niemals zu einem so vollständigen wissenschaftlichen Verständnis aller Sachverhalte der Welt kommen, dass wir auf alle denkbaren Fragen eine Antwort finden, wie dies die Religion grundsätzlich zu leisten vermag.*

---

* Religiöse Erklärungen sprechen auch stärker das Gefühl an als die nüchternen Aussagen der Wissenschaft: »Und Gott schuf den Menschen nach seinem Ebenbilde, nach dem Ebenbilde Gottes schuf er ihn, Mann und Weib erschuf er sie. Den Atem des Lebens hauchte er in sein Angesicht, und der Mensch wurde zur lebendigen Seele.« Das berührt mehr als die Vorstellung seines allmählichen Werdens des Menschen aus primitivsten Vorstufen.

Fünfter Brief

Insofern und auch mit Rücksicht auf die anderen ihr zugeschriebenen Funktionen wäre es unsinnig, Religionen gering zu achten, sie, wie geschehen, quasi auf dem Verwaltungsweg aus dem öffentlichen Leben zu verbannen (z. B. Ethik – anstelle von Religionsunterricht in Berlin und Brandenburg) oder sie als Ursache aller Übel zu sehen, wie das Dawkins recht unkritisch macht.

Andererseits zeigt unser Gedankenaustausch sehr schön, wie anregend die Befassung mit seinem Buch und seinen Thesen sein kann!

SECHSTER BRIEF

Tübingen, Ende Juli 2009

Lieber D. S.,

Am vergangenen Freitag habe ich mich mit zwei Mitgliedern unseres Freundeskreises zu einer Diskussion über die Positionen und Aussagen getroffen, die ich in den an Dich gerichteten Briefen vertreten bzw. geäußert und die ich ihnen zur Kenntnis gebracht habe. Vorangegangen war dem, dass M. H., ein Dir nicht bekannter Chemiker, der den in meinem ersten Brief erwähnten Vortrag gehört hatte, bei einem Zusammensein sich selber plötzlich die Frage stellte: »Welche Einwände hat G. W. eigentlich gegen das Buch von Dawkins vorgebracht?«

Er konnte sich nicht mehr erinnern und genauso ging es einem anderen Zuhörer, dem ich diese Frage stellte. Es musste also interessant sein, im Rahmen des vereinbarten Gesprächs zu erfahren, wie sich ein tiefgläubiger Philosoph zu Dawkins und zu meinen durch die Lektüre des Buches ausgelösten »evolutionsbiologischen« Überlegungen stellen würde. Ich hatte übrigens – freilich ohne jeden Hinweis! – vermutet, dass er aus der Sicht der Theologie/Philosophie gegen Dawkins Stellung genommen und keine evolutionsbiologischen Argumente ins Spiel gebracht hatte. Diese Vermutung wurde bei unserem Treffen bestätigt.

Sechster Brief

Meine Absicht war, bei unserem Diskurs auch Deine »Gegengedanken« zur Sprache zu bringen, also das, was Du in Deiner Mail von Mitte Juni vorgebracht hast. Sie bezogen sich, wie Dir erinnerlich sein wird, auf die »Gefahr«, mit nur einem einzigen gedanklichen Ansatz, eben dem der Evolution, alles erklären zu wollen und den Ansatz damit zu überfordern; sodann auf die Frage, ob unsere Hirnfunktion in der Lage ist, das Metaphysische zu traktieren; schließlich auf den Zweifel, an die aus der genetisch bedingten Religiosität folgenden Erscheinungen (Riten, Gebote etc.) die Maßstäbe der Vernunft anzulegen.

Zu dem letztgenannten Problem hatte ich mir ja schon vor der Diskussion eine Meinung gebildet (und die, wie ich hoffte, auch in meinen Briefen zum Ausdruck gebracht!): Alle die von Dir genannten Sachverhalte, nämlich Riten, Gebote, Verbote, Offenbarungen etc. verdanken sich aus den in meinen Briefen genannten Gründen der als genetisch verankert angenommenen Religiosität. Himmel, Hölle, Sünde und Vergebung stehen ebenfalls in einem Zusammenhang mit ihr und sind insoweit fiktional, als ihnen nichts in der Wirklichkeit entspricht. Unbeschadet dessen sind sie aber äußerst wirksam, denn sie sorgen, ganz wie Du schreibst, für das Gefühl, dass alles geregelt ist oder geregelt wird und man hier und »drüben« umsorgt ist. Genau das habe ich u. a. als Funktionen der Religion aufgeführt, es unter »Kontingenzbewältigung« eingeordnet. Nur ein einziges, aber doch entscheidendes Detail bleibt bei Dir unerwähnt: Für all das braucht man nicht Gott, und er kommt ja denn auch in Deinen »Gegengedanken« bezeichnenderweise an keiner Stelle vor. Das

Sechster Brief

ist stimmig mit der von mir vertretenen Auffassung: Da er »nur« als Fiktion existiert, ist er nicht wirklich »Schöpfer« all der Offenbarungen, Riten, Gebote, Verbote, der Vorstellungen von Himmel und Hölle, auch wenn diese vom Menschen geschaffenen Sachverhalte im Bewusstsein oder in einer Art Imagination seiner Existenz entworfen worden sein mögen. Und durch »Rigidität«, also das Unstatthafte, das Dogmatische, in Frage zu stellen, wird die Glaubhaftigkeit ihres (angeblich) göttlichen Ursprungs nicht etwa geschmälert, sondern sogar erhöht.

Auch wenn man sie sich in dieser Weise entstanden erklärt, sie als der angeborenen Religiosität entsprungen und von Menschen gemacht betrachtet, können, dürfen, ja müssen sie mit den Mitteln der Vernunft beurteilt werden, denn nur dann können sie vor ihr verantwortbar sein. Es ist daher, anders als von Dir vorgebracht, weder überflüssig, noch schädlich, sondern im Gegenteil sogar zwingend erforderlich, an sie den Maßstab der Vernunft anzulegen.

Nun äußerst Du erhebliche Zweifel daran, dass »wir mit unseren auf das Biologische zugeschnittenen Hirnfunktionen überhaupt das adäquate Rüstzeug für das Metaphysische haben«. Auf Anhieb kann man wohl mit JA antworten, da unsere Gedankenwelt nicht nur das Physische umfasst, sondern wir imstande sein müssen, auch über das zu reflektieren, was »darüber hinaus geht« – z. B. die Dinge, über die wir uns brieflich austauschen. Aber ich will es mir nicht so leicht machen.

Sechster Brief

Unser Erkenntnisapparat ist gewiss nicht unter dem Druck der Selektion entstanden, um die Infinitesimalrechnung zu entwerfen oder die Gesetze der Evolution aufzudecken. Er ist überhaupt zu keinem bestimmten Zweck entstanden, sondern wir verdanken ihn einer Anpassung, die uns das Überleben unter höchst unterschiedlichen Umständen ermöglichte und damit zu einer äußerst erfolgreichen Art werden ließ. Das haben wir u. a. durch unsere Fähigkeit erreicht, die uns umgebenden Sachverhalte nach den Kategorien von Ursache und Wirkung zu ordnen, zweckgerichtet in so erkannte oder auch nur unterstellte Kausalketten einzugreifen und Techniken zu entwickeln, die es uns erlauben, die verfügbaren Ressourcen optimal zu nutzen.

Dazu waren wir in der Lage, ohne im Detail die Regeln zu kennen, nach denen die Dinge in der Welt funktionieren: Wir nehmen sie als Ganzes wahr, in all ihrer Komplexität und sind in der Lage, angemessen zu reagieren, ohne sie analytisch in ihre Komponenten zerlegt zu haben: Wenn ich einen Löwen sehe, versuche ich nicht, durch genaue Beobachtung seines Verhaltens in Erfahrung zu bringen, ob er wohl hungrig und gewillt ist, Jagd auf mich zu machen und mich zu fressen, sondern flüchte ohne langes Nachdenken, verberge mich oder suche ihn unschädlich zu machen. Vergleichbares geschieht, wenn wir durch Erfassen von Haltung und Bewegungsablauf in Sekundenbruchteilen eine Person identifizieren und so u. U. Freund und Feind unterscheiden können. In ähnlicher Weise orientieren wir uns im Gelände, fanden so wohl in Urzeiten nach der Jagd in die schützende Höhle zurück und machen überhaupt all das, was in seiner Gesamt-

Sechster Brief

heit der Lebensbewältigung dient. Übrigens ist das bis heute so, die meisten Handlungen führen wir mehr oder weniger automatisch aus, nicht nur Gehen, sondern auch Rad oder Auto fahren: Das analytische Denken hat sich erst sekundär entwickelt und dann freilich durch die genauere Einsicht in die Details der Erscheinungen die Möglichkeiten zweckgerichteten Handelns und der Beherrschung der Natur enorm erweitert. Bewusstes Handeln, sagt man, ist vor allem während des Lernens üblich, der größte Teil des Handelns geschieht danach unbewusst.

Die Details der Erscheinungen können wir grundsätzlich nur nach Maßgabe der Leistungsfähigkeit unserer Sinnesorgane erkennen. Aber wir haben Mittel und Wege gefunden, die Grenzen zu überschreiten, die uns mit den auf die Bedürfnisse des menschlichen Alltags zugeschnittenen Sinnesorganen gesetzt sind. Wir sind damit im Kleinen und im Großen nicht nur weit in vorderhand unvorstellbare Dimensionen vorgedrungen (bis in atomare auf der einen und Millionen von Lichtjahren entfernte Galaxien auf der anderen Seite), sondern auch in die Bereiche des letztlich Unvorstellbaren, wie im Zusammenhang mit der Beschreibung des »Urknalls« ausgeführt und mit Hinweis auf die Quantentheorie in die andere Richtung zu ergänzen wäre.

Um uns letztlich Unvorstellbares verständlich zu machen, verwenden wir meist »Bilder« eines uns Gewohnten. Zur Zeit des Abiturs beispielsweise wurde uns die Struktur des Atoms als eine Art Sonnensystem veranschaulicht, mit dem Atomkern als Sonne und den Elektronen als Planeten auf definierten Bahnen. Oder das Bild der Zelle mit einem »Chromatin« enthaltenden Kern und dem mehr oder weniger homogenen »Protoplasma«, von dessen Bestandteilen und Struktur man keine Ahnung hatte. Aber so wenig auch diese «Modelle« und »Bilder« der Wirklichkeit entsprochen haben (wie sich im Zuge des weiteren Fortschrittes dann herausstellen sollte!), sie waren genau genug, um im einen Fall die Atombombe zu bauen und im anderen, über Tod und Leben entscheidende histologische Diagnosen an Probeexzisionen zu stellen. Wesentlich für den Wert einer Erkenntnis ist weniger das Maß an »Wahrheit« des Erkannten, als das Maß an praktischer Verwertbarkeit in Form von technischer Anwendung und Genauigkeit der Vorhersage bei Verwendung der zugrundeliegenden »Theorie«.

Grundsätzlich sind wir zum Verständnis eines Sachverhaltes darauf angewiesen, das Erkannte in Begriffe zu fassen und wenn möglich, ein allgemeingültiges »Modell« zu entwickeln. Noch einmal zurück in die Wissenswelt unserer Jugend: Die Medizin war damals so beherrscht vom »morphologischen« Gedanken, dass auch physiologische Leistungen des Zentralnervensystems »verortet«, etwa die geistigen Fähigkeiten bestimmten Gehirnteilen zugeordnet wurden. Was lag näher, als irgendwann die diskreten Gedächtnisinhalte in eine Beziehung zu einzelnen Neuronen zu setzen, in ihnen die RNS als stoffliches Äquivalent des Erinnerten zu vermuten? Dafür sprachen auch Versuche an Plattwürmern: Applizierte man untrainierten Exemplaren die RNS trainierter, so zeigten sie rascher Lernleistungen als unbehandelte.

Sechster Brief

Offen blieb u. a., wie sich die RNS so rasch bilden konnte, um selbst flüchtige Eindrücke im Gedächtnis festzuhalten.

Viele Annahmen über die »topische« Organisation der Hirnfunktionen (u. a. Sprechen, Sehen, Hören, Bewegen) waren stimmig mit klinischen Beobachtungen oder auch mit experimentellen Befunden. Inzwischen ist man beim Gedächtnis (bei dem heute etliche Formen unterschieden werden) von der Vorstellung einer starren »Verortung« abgerückt und geht von einer gemeinsamen Funktion weiter Teile des Gehirns aus, auch wenn, nicht weiter überraschend, bestimmte anatomische Strukturen daran beteiligt sind. Aber vielleicht ist alles noch ganz anders: So wie die Elektronen nicht als Partikel auf diskreten Bahnen um den Atomkern laufen und sie nur einen wahrscheinlichen »Aufenthaltsort« in Orbitalschalen haben, könnten das Gehirn oder Teile davon als Bildungsstätten von »Aktivitätswolken« funktionieren, in denen auf uns bislang unbekannte Weise abrufbare Informationen gespeichert sind. Bis wir mehr wissen, behelfen wir uns mit unvollständigen und möglicherweise sogar falschen Modellvorstellungen, auf deren Grundlage wir uns gleichwohl den fraglichen Sachverhalt zu erklären und wir sinnvoll zu handeln vermögen.

Das mag auch auf die Evolutionstheorie zutreffen, d. h. es ist nicht auszuschließen, dass dieses Modell, mit dem wir die Entwicklung der vielen, jemals oder noch existierenden Lebewesen als mehr oder weniger zusammenhängend und auseinander hervorgegangen abbilden können, sich als falsch erweisen mag: Ein einziges Fossil, das in seiner Entwicklungshöhe aus der Reihe fiele, könnte die Theorie umwerfen. Aber bisher hat sich ein solches Fossil oder ein vergleichbarer Beweis gegen die Theorie nicht gefunden und deshalb können wir weiter daran festhalten und uns mit ihrer Hilfe viele Erscheinungen verständlich machen.

Nun komme ich zu Deinem wohl gewichtigsten Einwand: Es sei eine Gefahr, alles mit einer einzigen »Theorie« erklären zu wollen. In der Tat habe ich den Evolutionsgedanken auf sehr viele Gegenstandsbereiche übertragen,[*] habe aber auch, in zugegeben dürren Worten, schon in meinem Januar-Brief geschrieben, was ich damit meine: Dass höhere (komplexere) Formen durchgängig (mir fällt keine Ausnahme ein) aus niederen (einfacheren) hervorgehen und diese im Laufe der Zeit sich aufgrund einer gewissen Überlegenheit oder durch eine besonders gute Angepasstheit an die Verhältnisse durchsetzen. Selbstverständlich gehe ich nicht so weit zu unterstellen, dass auch dieselben Mechanismen wie in der Biosphäre für das Entstehen überlegener Formen in anderen Bereichen, also »Mutationen«, »Informationsaustausch« oder »Selektion« dafür verantwortlich sind. Evolution steht hier vielmehr in erster Linie für den Ausschluss anderer Möglichkei-

---

[*] Ich befinde mich da in bester Gesellschaft: Nach Ernst Mayr ist »Evolution der wichtigste Begriff in der Biologie. Es gibt in diesem Fachgebiet keine einzige Frage nach dem Warum, die sich ohne Berücksichtigung der Evolution angemessen beantworten lässt. Aber die Bedeutung des Konzeptes geht weit über die Biologie hinaus: Das gesamte Denken des heutigen Menschen wird vom Evolutionsgedanken zutiefst beeinflusst.«

Sechster Brief

ten, wie sich die Verhältnisse ändern können, wie z. B. durch Revolution, Willkür, Zufall.

Was mir nun den Gedanken eines Zusammenhangs zwischen biologischer Evolution und Religiosität so überaus reizvoll macht, ist, dass hier eine naturwissenschaftliche Erklärung für ein geisteswissenschaftliches Phänomen vorgelegt wird. Das ist übrigens beim zweiten Hinsehen weniger sensationell als man auf Anhieb vermuten möchte: Schließlich ist es eine Trivialität, dass es ohne Gehirn keine Geisteswissenschaft gäbe. Aber im Falle der Religiosität ist es doch anders, weil spezifischer, eingegrenzter, in seinen Folgen schwerwiegender, denn es stellt den übernatürlichen Ursprung vieler Phänomene in Frage, die im individuellen und sozialen Leben eine große Rolle spielen. Es ist ein weiterer Befund der positiven Wissenschaften, der Erklärungen aus anderen Erfahrungsquellen entbehrlich macht, ja sie zu verwerfen zwingt – ich habe in meinem Brief vom April schon einige Beispiele genannt. Für mich ist damit eine wichtige Brücke geschlagen zwischen den positiven Wissenschaften und dem, was unserer direkten Anschauung nicht zugänglich ist.

In der eingangs erwähnten Diskussion über meinen Text hat G. W. vorgebracht, dass die positiven Wissenschaften (und gerichtet war das wohl speziell gegen die von mir mit Bezug zur Religion genannten Befunde) nicht die Wirklichkeit ausreichend erfassen können. Er hat dazu ein Beispiel angeführt, auf das er kürzlich gestoßen ist.[22] Wenn man ein Gemälde mit allen heute verfügbaren Verfahren chemisch und physikalisch untersucht und somit genaueste Kenntnisse, von

Sechster Brief

der Zusammensetzung der Farbpigmente angefangen bis zur Struktur der Leinwand, gewönne, wäre man doch nicht in der Lage, eine Kopie herzustellen, von anderen das Gemälde ausmachenden Besonderheiten (z. B.: Wer war der Maler?) abgesehen. Das ist richtig, kann aber doch nicht ernsthaft die von mir aufgeführten Befunde und die daraus gezogenen Schlüsse entwerten: Ich habe ja nicht behauptet, dass sich eine genetische Veranlagung zu einem Gottesglauben oder zum Christentum finden ließe, sondern die Religiosität im Sinne des »extended phenotypes« im Genom des Menschen veranlagt ist und das stärkste Argument dafür sind in meinen Augen keineswegs Befunde der Hirnforschung, sondern ist der ökonomische Aufwand für die Ausübung der Religionen und die Universalität des Phänomens. Religiosität ist die gleichsam biologische Voraussetzung dafür, dass es Religionen gibt und man zur Fiktion von Gott kommt. Vergleichbar müssen bei dem Maler des Bildes neuroanatomische und neurophysiologische Voraussetzungen vorhanden gewesen sein, außerdem aber auch eine Fähigkeit zur künstlerischen Gestaltung, die ebenfalls dem »extended phenotype« zuzuordnen ist, denn auch der Drang, Gefühlen oder »innerlich Geschautem« künstlerischen Ausdruck zu geben, ist eine transkulturelle Universalie.

Wie wirkmächtig die genetisch verankerte Religiosität ist, hat sich mir im Laufe der Befassung mit dem Gegenstand und im Zuge des Gedankenaustauschs mit Dir erschlossen: Ich kann mir nicht mehr vorstellen, dass es einen wirklichen Atheisten gibt, denn (abgesehen von Sonderfällen wie Kaspar Hauser) ist der Mensch in seine Umwelt und Gesellschaft eingebun-

Sechster Brief

den und insofern immer kulturell geprägt. Da nun der Religion hierbei ein großes Gewicht zukommt, ist es unmöglich, sich völlig von ihr (und damit auch von der Gottesvorstellung) zu emanzipieren. Selbst wenn man Gott, sei es in seiner realen, sei es in seiner fiktionalen Existenz, leugnet, ist er doch als Denkgegenstand vorhanden, spielt also sogar in Überlegungen eine Rolle, die das Ergebnis haben können, ihn zu verneinen. Noch eine andere Beobachtung: Ich empfinde beim Besuch einer Kathedrale durchaus die Heiligkeit des Ortes, was beim Besuch etwa eines ägyptischen Tempels nicht der Fall ist: Folge meiner Sozialisation in einem christlichen Land.

G. W. hat gegen den »universalen Erklärungsansatz« mittels des Evolutionsgedankens ein logisches Argument vorgebracht: Wenn man alles mit diesem Ansatz erklärt, trifft dies auch auf den Evolutionsgedanken zu, der Ansatz begründete sich quasi selbst. Ich hoffe, ihn richtig verstanden zu haben, aber wenn nicht, bleibt das Argument doch in der Welt: Wir haben keinen archimedischen Punkt, von dem aus wir gleichsam unkontaminierte »erste Sätze« formulieren können. Es geht wohlgemerkt nicht um die biologische Evolution – in meinen Briefen ist auch zu deren Anfang mit dem Entstehen ersten Lebens in der »Ursuppe« einiges gesagt worden! – sondern um die Evolutionstheorie. Sie hat wie andere wissenschaftliche Theorien eine »Evolution« durchlaufen, stand nicht unverhofft plötzlich fertig im Raum (auch wenn Darwin sie schon erstaunlich umfassend und bewundernswert tiefgründend ausgearbeitet hat), sondern wurde von ihm und anderen Stück für Stück erweitert, mit neuen

Sechster Brief

Befunden gesichert, die vor allem durch Fortschritte der Methoden verfügbar wurden. Nur: Ist das der gleiche Prozess bezüglich der Mechanismen, die ihn in Gang gesetzt haben wie die biologische Evolution?

Zu prüfen ist, ob das logische Argument beweiskräftig ist, ob es also zwingend ist, den evolutionstheoretischen Ansatz auf die Evolutionstheorie anzuwenden. Es erinnert an die Sache mit dem »unbewegten Beweger«, dessen Existenz man logisch ableitet und so einen infiniten Regress vermeidet. Das berührt noch einmal die Frage, ob die Welt Regeln folgt, die unseren Denkstrukturen oder Denkgewohnheiten korrespondieren? Dafür lassen sich durchaus Gründe nennen, denn es liegt ja in unserem Überlebensinteresse, kognitive Gewissheit über die Wirklichkeit zu gewinnen. Und doch bleibt da ein aus Unsicherheit folgendes Unbehagen.

Bei unseren Überlegungen über Religion und Gott im Zusammenhang mit der biologischen Evolution und dem Ausbreiten der hierbei gewonnen Argumente bedienen wir uns des Mediums der Sprache. M. H. hat in unserem Diskurs mehrfach die Ansicht geäußert, wir hätten deshalb Mühe in unserem Diskurs und erreichten deshalb in manchen Fragen kein Einvernehmen, weil wir uns sprachlich auf unterschiedlichen Ebenen bewegten. Ich konnte ihm zustimmen, da ich eine ähnliche Empfindung habe, habe das auf die unterschiedlichen, durch die jeweiligen Berufsfelder bestimmten »Standpunkte« zurückgeführt, die Naturwissenschaftler und Philosophen *nolens volens* einnehmen und die verschiedenen »Fachsprachen«, deren sie sich jeweils bedienen. Da-

Sechster Brief

bei geht es natürlich nicht um die Wortwahl, sondern um das Denken in den fachspezifischen Begriffen.

Die damit angesprochenen Probleme sind bedeutsam für die Beantwortung der Fragen, die zu beantworten wir drei Freunde uns vorgenommen haben. Im ersten Anlauf ist das nicht gelungen, aber wir haben uns verabredet, uns ein weiteres Mal zu treffen, um die beim letzten Mal noch offenen Fragen abschließend zu behandeln – doch ich fürchte, zu denen sind mit diesem Brief einige neue hinzugekommen!

SIEBENTER BRIEF

Tübingen, Anfang August 2009

Lieber D. S.,

In meinem letzten Brief hatte ich angekündigt, dass die beiden Freunde und ich einen weiteren Diskurs über meine Thesen führen wollten, und das ist in der Zwischenzeit geschehen. Ich hatte einige Fragen formuliert, um dem Gespräch eine gewisse Struktur zu geben, aber wir sind kaum über die erste hinausgekommen, da wir uns an der Erörterung anderer, natürlich damit zusammenhängender Gegenstände festgebissen haben. Es wurden dabei ohne klare Absicht einige Dinge berührt, die in den weiteren Fragen enthalten waren, sodass meine Liste doch weitgehend »abgearbeitet« worden ist.

Die erste Frage zielte darauf, unter Bezugnahme auf die von G. W. erwähnte Arbeit von Janich, sich darauf zu verständigen, dass die verschiedenen Probleme zum Komplex Religion und Gott nur mit den jeweils passenden »Objektsprachen« adäquat behandelt werden können:

- Die Religiosität (nicht aber Religion und Gott!) in Begriffen der Biologie (Evolution).

- Die Kosmogenese in Begriffen der Naturwissenschaften.

Siebenter Brief

- Die Religion und Gott nebst den ihm zugeschriebenen Eigenschaften in Begriffen der Ethnologie und (vergleichenden) Theologie.

- Sünde, Schuldbewusstsein und Erlösung in Begriffen der Psychologie und Theologie.

Zu Beginn wurde von G. W. vorgeschlagen, auch noch die »Alltagssprache« bei der Analyse zu verwenden, da ihr eine große Bedeutung gerade in Sachen Religion zukomme: Religiöse Fragen waren schon vor dem Aufkommen irgendeiner Fachsprache (nämlich bevor es eine Theologie gab) Gegenstand intensiver Erörterungen. Das ist richtig, doch ist es ja das Ziel unseres Unternehmens, die Probleme unter Verwendung möglichst präziser Begriffe zu untersuchen und da ist die Fachsprache der Alltagssprache vorzuziehen.

Am Anfang des Abends kamen wir noch einmal auf den Begriff »Evolution« zurück, der offenbar leicht eine Irritation auslöst, die wohl aus der Gleichsetzung mit der Evolutionsbiologie folgen dürfte. Schon in meinem letzten Brief hatte ich geltend gemacht, dass unbedingt zwischen »Evolution« und »Evolutionstheorie« unterschieden werden muss, und das will ich noch einmal mit Nachdruck wiederholen:

Den Begriff Evolution kann man (wie das in den Briefen geschehen ist), allgemein zur Beschreibung von Prozessen verwenden, die sich im Unterschied zu plötzlichen Entwicklungssprüngen langsam vollziehen und vom Einfachen zum Komplexen führen. Speziell im Zusammenhang mit

Siebenter Brief

dem hier behandelten Gegenstand wären als Gegenbegriffe neben der Revolution noch der Kreationismus zu nennen, der vom Wirken eines persönlichen Schöpfers ausgeht. Über die Mechanismen, die eine Evolution bewirken, wird damit nichts gesagt.

Zustimmung fand die in meinen Briefen vertretene Vorstellung, dass die Religiosität im Sinne des von Dawkins vorgeschlagenen Konzeptes vom »extended phenotype« als eine genetisch verankerte Eigenschaft des Menschen aufzufassen sei. Nicht zuletzt spricht dafür neben der transkulturellen Universalität die Parallelität zum Sprachvermögen. Durch das Einvernehmen in diesem Punkt war nun eine solide Grundlage vorhanden, damit zusammenhängende Phänomene zu betrachten.

Zu ihnen zählt die Frage, wie es auf dem Boden der Religiosität zur Bildung einer Gottesvorstellung gekommen sein könnte.* Das wurde in dem Gespräch nicht explizit behandelt, dazu fehlte die Zeit, sodass ich an dieser Stelle meine eigenen Gedanken einbringen muss. Dabei könnte ich zur Erklärung auf das in einem (oder mehreren?) früheren Brief(en) erwähnte Buch »Religion« von Micklem zurückgreifen. Bei der Lektüre desselben drängt sich unmittelbar der Eindruck einer Evolution von primitiven zu höheren Vorstellungen von Kräften (bzw. einer Kraft) auf, die man

---

* Im Unterschied zur Religiosität ist die **Gottesvorstellung** keine Universalie, es gibt beispielsweise Sprachen, in denen es nicht einmal ein Wort für Gott gibt!

Siebenter Brief

Götter oder Gott nennen kann und die sich der Anschauung entziehen.

Zur Beschreibung der Entwicklung der Gottesvorstellung allgemein kann man statt auf Micklem aber auf eine originellere, um nicht zu sagen, eine authentischere Quelle zurückgreifen, nämlich auf Darwin selbst.

»Irgendeine Erklärung der Lebenserscheinungen muss der Mensch sich ausdenken (das Theoriebedürfnis!); und nach ihrer Allgemeinheit zu schließen, scheint die einfachste und dem Menschen sich zuerst anbietende Hypothese die gewesen zu sein, dass die Erscheinungen der Natur solchen zur Tätigkeit antreibenden Geistern in Tieren, Pflanzen, leblosen Gegenständen und auch in den Naturkräften zuzuschreiben seien, wie die sind, deren sich der Mensch bewusst ist. Dabei ist die Annahme von Geistern wahrscheinlich durch Träume veranlasst worden, denn Wilde unterscheiden nicht zwischen subjektiven und objektiven Eindrücken.

Der Glaube an geistige Kräfte wird leicht in den Glauben an die Existenz eines Gottes oder mehrerer Götter übergehen; denn Wilde werden naturgemäß Geistern dieselben Leidenschaften, dieselbe Rachsucht, dieselbe einfache Form der Gerechtigkeit und dieselben Neigungen zuschreiben, die sie bei sich selbst beobachten.«

Dass dabei die genannten menschlichen Eigenschaften »überhöht« (u. a. zur Allmacht und Allwissenheit) und wünschenswerte hinzugedacht wurden (u. a. Güte, Unendlich-

Siebenter Brief

keit, Ewigkeit, Allgegenwart), ist leicht verständlich. Schwerer ist die Vorstellung von Gottes »unerforschlichem Ratschluss« zu verstehen, aber man kann dies als eine elegante Möglichkeit betrachten, um das Theodizee-Problem zu lösen: Es lässt sich so die Vorstellung von Gottes Güte und Allmacht mit der erratischen, oft ungerechten Wirklichkeit in eine Art Einklang bringen.

Spricht man nun von Göttern, welcher Art auch immer, wird von deren Realexistenz (Realexistenz in einem naiven Begriffsverständnis) ausgegangen, denn nur dann haben sie die für ihr Wirken notwendige Tatsächlichkeit: Unzweideutig als Fiktionen ausgemacht und so vom Gläubigen verinnerlicht wären sie kaum ein Gegenstand der kultischen Verehrung, so wenig, wie es ein logisch abgeleitetes Konstrukt wäre. In unserem Gespräch wurde nun deutlich, dass die »Existenz« Gottes aber nur mit Hilfe einer logischen Operation zu erschließen ist, nämlich als letzter Grund alles Seienden – und im weiteren ergab sich, dass er dann sogar ein »Gott auf Abruf« sein könnte.

Gott, das führte G. W. aus, muss es aus Notwendigkeit als letzte Ursache geben, da nur auf diese Weise zu erklären ist, dass die Welt ist und »nicht nichts ist«. Gott ist also, ganz im Sinne der auf der in meinem Brief von Anfang März erwähnten Vatikan-Konferenz vorgetragenen These, der letzte »Grund«, auch der »Grund« des Urknalls, der zum Anfang des Universums führte. Würde im Zuge des weiteren wissenschaftlichen Fortschrittes erkannt, dass die Welt gar keinen Anfang hat, sondern, etwa im Sinne der im Brief von April

Siebenter Brief

zitierten Vorstellungen von Bojowald, schon immer bestanden hätte, dann wäre die Vorstellung von Gott nicht mehr zu halten, er würde obsolet.

Das beantwortet nicht nur zustimmend die zweite von mir für das Gespräch vorbereitete Frage (Entkräften naturwissenschaftliche Erkenntnisse »offenbarte« »Wahrheiten« und führt das im Laufe der Entwicklung zu einem Glaubwürdigkeitsverlust der religiösen Lehre?), sondern ist eine recht eigentlich sensationelle Aussage. Sensationell durch die Folgerungen, die eine naturwissenschaftliche Erkenntnis für einen Gläubigen hätte, jedoch von gleicher logischer Stringenz wie die, die von ihm zum Beweis für die Existenz Gottes angeführt wird! Vielleicht gab es deshalb den Mut zu einer solchen Aussage, die weniger gewagt sein könnte, als es auf Anhieb scheint, wenn man der Meinung (oder Hoffnung?) ist, es werde niemals möglich sein, andere als mathematische, jedenfalls unanschauliche Beweise für den Urknall oder gar die Zustände davor zu finden, und die dürften kaum eine Wirkung im Sinne einer »Bewusstseinserweiterung« (vergleichbar der durch die Evolutionstheorie) entfalten.

M. H. hatte schon früher mehrfach die Ansicht vertreten, die Quantenphysik entziehe sich einem gleichsam »anschaulichen Verständnis«, da sie »nur« mathematisch zu erschließen und zu deuten sei. Das wäre dann eine »Vernunfterkenntnis«, doch wird damit ein Problem berührt, das ich in meiner dritten, aus Zeitmangel leider nicht eingehender diskutierten Frage angesprochen hatte: »Kann man allgemeine Krite-

Siebenter Brief

rien für die Grenzen der positiven Wissenschaften definieren oder objektiv festmachen?«

Solch eine (methodische) Grenze der positiven Wissenschaft glaube ich u. a. bei der Frage ausgemacht zu haben, ob es möglich ist, mit Hilfe unseres Gehirns dessen Funktion zu verstehen. Ich halte das für ausgeschlossen, meine vielmehr, dass ein Sachverhalt in seiner ganzen Komplexität ganz allgemein immer nur mit Hilfe von Methoden erfasst werden kann, die in ihrer Leistungsfähigkeit die Komplexität des zu untersuchenden Gegenstandes übersteigen. Zwar ist es mit Hilfe der Elektronenmikroskopie gelungen, bis in feinste Strukturen der Zelle vorzudringen, mit Teilchenbeschleunigern atomare Bausteine und ihre Beziehung zueinander aufzuklären, mit Riesenteleskopen Vorstellungen von den Strukturen des Universums zu gewinnen usw. Aber stets »übersetzen« diese Verfahren nur gleichsam primär nicht erkennbare Erscheinungen in Phänomene, die mit unseren Sinnesorganen wahrgenommen werden können, sie sind insofern konventionell. Beim Gehirn aber müsste mit Hilfe desselben eine Methode erdacht werden, die Eigenschaften des Untersuchungsobjektes aufdeckt, die vermutlich nicht im o. g. Sinne »übersetzt« werden können, weil sie u. U. eine völlig neue und unserem Wahrnehmungssystem unbekannte Qualität haben könnten.

Die methodischen Grenzen unseres Erkenntnisvermögens mögen anhand eines einfachen Beispiels erläutert werden: Wird die Größe winziger Kugeln mit Hilfe einer Schublehre bestimmt und wird dabei ein Wert gefunden, der an der

Messgrenze der Schublehre liegt, so kann man nicht entscheiden, ob man die tatsächliche Größe der Kugeln oder nur die Grenze des Messgerätes bestimmt hat. Vergleichbares dürfte beim menschlichen Erkenntnisvermögen der Fall sein, d. h. dessen Grenzen entsprechen möglicherweise keiner Grenze in der Wirklichkeit, vielmehr markieren sie die Linie, hinter der das liegt, was man mangels ausreichender Erkenntnismöglichkeiten nicht empirisch (d. h. im Sinne der positiven Wissenschaften) erfassen, wohl aber eben u. U. mit der Vernunft erschließen kann.

Dafür hat G. W. ein eindrucksvolles Beispiel angeführt: Das Ziel der Gerechtigkeit wird, wie die alltägliche Erfahrung zeigt, im Leben sehr oft verfehlt. Sie kann aber verwirklicht werden, wenn man das Jenseits mit einbezieht, was voraussetzt, dass die Seele unsterblich ist. Dann lässt sich an der Vorstellung festhalten, dass es *à la longue* Gerechtigkeit gibt – und man hat gleichzeitig einen Beweis für die Unsterblichkeit der Seele, »aus moralischer Notwendigkeit«, wie Kant sagt.

Einmal abgesehen davon, dass dies ein weiteres logisches Konstrukt ist, dem nichts in der Wirklichkeit entsprechen muss, ist zu fragen, was denn überhaupt mit »Seele« gemeint ist. Eine auf Dauer angelegte Existenz derselben setzt ja voraus, dass es sich um eine definierbare Entität handelt, damit also weder die Gesamtheit aller Gefühlregungen und geistigen Vorgänge gemeint sein kann (die überdies eine funktionierende Körperlichkeit voraussetzen!), noch das Prinzip, das diesen zugrunde liegt. Auch wenn sich »Seele« auf das beziehen sollte, was das Leben eines Individuums und sei-

Siebenter Brief

ne über die Zeit hinweg beständige Identität bewirkt, kann daraus nicht abgeleitet werden, sie existiere vom Körper unabhängig, was die Voraussetzung für ihre Unsterblichkeit wäre. Das berührt nun unbeabsichtigt den Gegenstand meiner vierten Frage: »Können metaphysische Aussagen etwas über die »Wirklichkeit« von Phänomenen aussagen, die mit den Methoden der positiven Wissenschaften nicht erfassbar oder nachweisbar sind?« Die Antwort lautet nach meiner Überzeugung NEIN.

Auch wenn nun die Unsterblichkeit der Seele nicht empirisch, sondern nur in der beschriebenen Weise mit Hilfe der Vernunft »bewiesen« werden kann, lässt sich immerhin psychologisch erklären, warum es zu einer entsprechenden Vorstellung gekommen sein dürfte: Sie mindert die Furcht vor dem Tode, da es noch ein Weiterleben danach gibt; das unvorstellbare NICHTS beunruhigt nicht mehr, der Tod verliert zumindest einen Teil seines Schreckens. Kurzum: Es ist ein Ansatz zur Kontingenzbewältigung, die sich überhaupt als die wichtigste Funktion der Religion erweist.

Noch eine andere, speziell für die christlichen Religionen wesentliche Vorstellung hat keine Entsprechung in der Wirklichkeit, aber eine enorme Bedeutung für das »Funktionieren« der Religion: Die bereits in anderem Zusammenhang angesprochene Erbsünde. In Deiner letzten Mail (von Ende Juli) hast Du dazu einige für mich interessante Anmerkungen gemacht:

Siebenter Brief

»Die von Dir in früheren Briefen entwickelten Gedanken über die Erbsünde haben mir besonders eingeleuchtet und gut gefallen: Wenn man nämlich von einer kontinuierlichen Menschwerdung ausgeht und ausgehen muss, dann ist die Singularität eines Sündenfalls obsolet. Es ist ja schon immer für viele die sogenannte »Erbsünde« schwer verständlich gewesen, aber nur aus ihr erwächst der Glaube an die Erlösung. Ohne Sünde keine Erlösung und damit auch keine Notwendigkeit für einen (halb-)göttlichen Erlöser.

Mir ist da noch ein besonders infamer Gedanke gekommen: Wenn die Sünde darin besteht, vom Baum der Erkenntnis genascht zu haben, so müsste die Erlösung ja wieder zur Beseitigung der Erkenntnis führen – und es ist nicht abzustreiten, dass die Kirchen dazu immer einen bedeutenden Beitrag geliefert haben.«

Damit betrittst Du ein für die Entwicklung der Religion äußerst wichtiges Feld, nämlich die Frage nach der Rolle der Priester, denen u. a. die Ausdeutung der Mythen obliegt, das »Stimmigmachen« der einzelnen Glaubensbausteine zu einem in sich geschlossenen, vor der Vernunft zu verantwortenden Lehrgebäude, das dann zur Stabilisierung der Institutionen beiträgt, denen sie dienen. Hierzu kann ich nichts sagen, nur vermuten, dass in diesem Prozess mit großer Wahrscheinlichkeit der Konkurrenz zwischen den Priestern um Macht, Ansehen, auch Glaubensgewissheit, ein hoher Stellenwert zukam und immer noch zukommt.

Siebenter Brief

»Glaubensgewissheit«, an der Stelle kamen wir in unserem Diskurs am letzten Mittwoch nicht weiter, weil wir nicht in der Lage waren, das Phänomen »Glauben« begrifflich exakt zu erfassen, es gegen das »Wissen« abzugrenzen, ja, allein schon, es uns gegenseitig verständlich zu machen. Da sind wir gescheitert, obwohl wir uns doch in unserem Gespräch intensiv um Einsichten in den fraglichen Sachverhalt bemüht und uns darüber ausgetauscht hatten! Dies zeigt der vorliegende Brief, der sich wesentlich um Gegenstände dreht, die Inhalt des Glaubens sind. Sie wurden samt und sonders als logische oder psychologisch sinnvolle Konstrukte erkannt und sind insofern rational, aber deshalb doch keineswegs zwingend einsichtig: So können und werden sie trotz guten Willens dem Nichtgläubigen verschlossen bleiben.

Das ist der Punkt, noch einmal zu dem Problem zurückzukehren, das ganz am Anfang des Januar-Briefes kurz behandelt wurde. Es wurde darin ausgeführt, dass es sich beim »Glauben« um einen besonderen »Erfahrungsmodus« handelt, über den nicht jeder verfügt, denn sonst müssten die Inhalte intersubjektiv zu vermitteln sein. Das gelingt nicht, genauso wenig, wie, sie zu widerlegen: Der Gläubige ist unbeirrbar von der »Wahrheit« spezifischer Sachverhalte (wie z. B. Gott, die Unsterblichkeit der Seele, die Erbsünde) überzeugt, ohne dass er Belege dafür hätte, dass sie real existieren oder je reale Ereignisse waren. »Es ist eine besondere Form des ›Fürwahrhaltens‹, ein Durchdrungensein von der Wahrheit einer Annahme, von der Realität eines Objektes rein aus subjektiven Gründen, ohne die für das objektive ›Wissen‹ nötige Erkenntnisgrundlage, aber mit derselben Überzeugungsstärke.«[23]

Ich denke, dieser Brief kann die Ausgangsposition für eine weitere Gesprächsrunde sein, in der in erster Linie das Entstehen des Glaubens und der Wert von »Vernunfterkenntnissen« herausgearbeitet werden sollten. Wir gingen jedenfalls in dem Gefühl auseinander, dass es ein Gewinn wäre, sich weiter mit einschlägigen Fragen zu befassen. Darunter mit einer, die ganz am Ende unseres Zusammenseins gestellt wurde und unbeantwortet blieb, nämlich der, dass ohne die Annahme der Unsterblichkeit das Leben sinnlos und absurd wäre. Diese Aussage von G. W. kann nur auf den Menschen gemünzt gewesen sein, dem damit gewollt oder ungewollt eine Sonderstellung eingeräumt wird, was im Lichte der Evolution einfach nicht vertretbar ist – auch das eine Frage, die noch Beachtung finden muss. Soviel aber schon einmal vorab: Die Antwort auf die Frage nach dem Sinn des Lebens darf sich nicht auf den Menschen beschränken, sondern muss auch die Tiere, in deren Reihe wir stehen, ja alle Lebewesen (auch Nashorn und Knollenblätterpilz!) einschließen und sollte, dem Diktum Dobzhanskys folgend, im Lichte der Evolution gesucht werden. Dabei ist die Frage nach dem Sinn des Lebens ein Spezialfall der Frage, warum etwas ist und nicht nichts ist und hier ist kaum eine andere Antwort denkbar, als das Entstehen des Lebens durch Zufall und den Sinn des Lebens und damit der Lebewesen im Erhalt, in der Vermehrung, in der Reduplikation der DNS zu sehen – womit übrigens noch einmal Dawkins mit seiner Vorstellung vom »Egoismus der Gene« ins Spiel kommt.[24] Man muss nur die

Siebenter Brief

unwahrscheinlich trickreichen Mittel und Wege bedenken, die sich im Laufe der Evolution durchgesetzt haben, um die Vermehrung der Art durch die Reproduktion identischer, aber, für die Evolution besonders wichtig: auch nicht genau identischer Individuen zu gewährleisten, dann erkennt man den Stellenwert dieses Faktors.

Unbeschadet dieser für Viele vermutlich ernüchternden Vorstellung kann man aber speziell als Mensch dem Leben einen Sinn **geben**, eine Möglichkeit, die Tieren verschlossen ist, denn sie haben kein Bewusstsein von all dem, was wir uns in unserem Diskurs klar machen wollen. Ich jedenfalls bin bisher davon ausgegangen, dass das Leben nur durch eigene Anstrengung und eigenes Bemühen einen Sinn bekommt und der Gedanke an die Unsterblichkeit spielte dabei keine Rolle. Aber vielleicht ist das ja falsch?

ACHTER BRIEF

Tübingen, Ende August 2009

Lieber D. S.,

Du hast recht: Das allmähliche »Werden« meiner Vorstellungen über die Gegenstände unseres Gedankenaustauschs ist ein gutes Beispiel für eine Evolution. Wie hätte ich auch schon am Anfang, in der ersten Reaktion auf die Lektüre des Dawkinschen Buches, über eine so klare Position zu dem Thema verfügen können wie jetzt, nach dem Lesen einschlägiger Arbeiten und vor allem dem anregenden Briefwechsel mit Dir sowie den Gesprächen mit den beiden Freunden?

Ein evolutionärer Vorgang ist das nicht nur durch die Allmählichkeit der Bildung einer Meinung unter dem Einfluss der genannten Faktoren und als Ergebnis eigenen Nachdenkens, sondern auch durch die Unabsehbarkeit der Schlüsse, zu denen ich gekommen bin: An die Stelle einer anfänglichen Zustimmung zu etlichen Aussagen von Dawkins ist Kritik, Enttäuschung und in weiten Teilen Unverständnis getreten. Einiges davon hat seinen Niederschlag in den bisherigen Briefen gefunden.

Du erinnerst Dich vielleicht, wie die ganze Sache angefangen hat: Mit der locker hingeworfenen Bemerkung an G. W., er werde als Philosoph große Probleme haben, in seinem Vortrag Dawkins Aussagen zu erschüttern. Inzwischen muss ich

Achter Brief

mich insofern revidieren, als man Dawkins durchaus von theologischer und philosophischer Seite angehen kann und auch sollte, denn das ist die »Sachebene«, auf der er im wesentlichen selbst argumentiert. Hier die Erklärung für diesen Dich vielleicht überraschenden Sinneswandel:

Mir ist erst im Laufe der Befassung mit der von Dawkins provokant in die Öffentlichkeit gebrachten Fragestellung deutlich geworden, dass er sie, abgesehen von einigen Ausführungen ganz am Anfang, nicht konsequent unter einem evolutionsbiologischen Gesichtspunkt zu beantworten sucht. Es ist wohl die Folge einer irgendwie ideologisch bedingten Blindheit bei ihm, dass er Religiosität und Gottesglauben nicht mit dem eigenen Konzept des »extended phenotypes« zu deuten versucht hat – so wie sich das unbeabsichtigt bei mir ergab. Wie kann er nur die zahlreichen Hinweise auf die genetische Bedingtheit der Religiosität – und man benötigt dazu keinesfalls die Befunde der »Neurotheologie«! – übersehen haben? Sie gehört doch in das Zentrum einer Betrachtung über den »Gotteswahn« gestellt, schon der universelle Charakter wenn auch nicht des Gottesglaubens, so doch des Religionsvermögens hätte ihn stutzig (und vorsichtig) machen sollen.

Auch ich hätte in meinen Äußerungen an dieser und jener Stelle vorsichtiger sein sollen, etwa bei dem Bemühen, den Begriff Gotteswahn im Titel zu rechtfertigen, wie im Januarbrief geschehen. Zwar trifft das dort Gesagte begrifflich zu, aber wenn man den Ursprung des Gottesglaubens aus der genetisch verankerten Religiosität bedenkt, sollte man von dem Begriff »Wahn« mit seiner in diesem Zusammenhang

Achter Brief

negativen Konnotation Abstand nehmen. Gott ist wie andere Inhalte des Glaubens zwar eine Fiktion, er hat damit also keine Tatsächlichkeit, aber es ist eine Fiktion, die eine positive Rolle im individuellen und sozialen Leben spielt, oder, etwas vorsichtiger gesagt: spielen kann. Auch das kommt nun vermutlich unerwartet für Dich.

Ich meine, in keinem meiner Brief die negativen Seiten der Religion, die es ja durchaus gegeben hat und unverändert gibt, herausgestellt oder zum Ausgangspunkt einer Bewertung gemacht zu haben, ganz im Gegenteil wurden für mich im Zuge der Auseinandersetzung mit dem Thema die Hinweise auf eine positive Rolle, die den Religionen zukommt, immer deutlicher. Und außerdem zum wiederholten Male: Es gäbe sie nicht, wenn sie nicht mit einem Vorteil verbunden wären.

An zweiter Stelle kommt ein Argument gleichsam *ex vacuo*, nämlich was wäre, wenn es die Religionen nicht gäbe? Das mit dem *ex vacuo* ist mir übrigens spontan eingefallen, aber nun finde ich den inhaltlich vergleichbaren Begriff »Leerstelle« in einem Text von Jan Heiner Tuck, der in einem Sammelband zum Atheismus erschienen ist und aus dem ich eine Passage zitiere:[25]

Dort, wo Gott eingeklammert oder verschwiegen wird, wächst die Gefahr, wesentlich Dimensionen des Menschseins nicht mehr zur Sprache zu bringen. Es gibt Leerstellen, die sich auftun, wenn Gott als potentieller Adressat menschlicher Selbstverständigung wegbricht. Die drückende Last, versagt zu ha-

ben, an wen soll man sich wenden? »Er hat niemanden, den er um Gnade bitten könnte. Der stolze Glaubenlose! Er kann vor niemandem niederknien. Sein Kreuz.« Oder unerwartetes Glück – an wen soll man den Dank richten? »Das Schwerste für den, der an Gott nicht glaubt: dass er niemanden hat, dem er danken kann.« Oder die Klage über das himmelschreiende Unrecht in der Welt? Verhallt sie im Nichts, wenn keine Instanz da ist, die man anrufen kann?

Hier fällt mir wieder das Stichwort »Kontingenzbewältigung« ein. Ich weiß aus eigener Erfahrung, was es heißt, nicht über einen Glauben als dazu geeignetes Mittel zu verfügen! Doch bei allem Bewusstsein von diesem Mangel und bei aller gedanklichen Klarheit über die Sachverhalte, die ich meine, im Zuge und als Ergebnis der Befassung mit dem Thema gefunden zu haben: es kam damit bei mir zu keiner »religiösen Erleuchtung«. Es zeigt dies das Beharrungsvermögen von dem, was ich schon einmal als »Grundüberzeugung« bezeichnet habe, die sich wohl auf dem Wege der Sozialisation bildet. Das nun ist nur ein (Schlag-) Wort und keine Erklärung, insofern also wenig befriedigend, denn wie genau auf dem Wege der Sozialisation eine solche Grundüberzeugung zustande kommt, das kann ich nicht sagen. Was ich sagen kann, ist allein, dass man sich nicht bewusst für bestimmte Haltungen oder Ansichten entscheidet (man kann also nicht glauben, was man will, so wenig wie man wollen kann, was man will!), sondern dass sie sich im Laufe des Lebens durch Vorbild, Gewöhnung, Anpassung an Gefühlmuster, die Verinnerlichung sozialer Normen sowie die (selektive) Übernahme von zeit- und umwelttypischen Werten bil-

Achter Brief

den müssen. Es ähnelt das der Sprachentwicklung, die sich in vergleichbarer Weise vollzieht: Auch sie beginnt mit dem Eintritt in eine Welt, auch in dieser Hinsicht ist diese Welt für uns keine *tabula rasa*, mit der Möglichkeit, sich für diese oder jene Sprache zu entscheiden, so wenig wie wir uns zu Beginn unseres Lebens für diese oder jene Religion entscheiden können. Anders als bei der Sprache, die jeder sich aneignet, wenn die anatomischen und physiologischen Voraussetzungen gegeben sind (noch einmal: es gibt keinen natürlich aufgewachsenen Kaspar Hauser!), kann man aber bei der Religion auch zu einem »Nichtglauben« sozialisiert werden, nicht hingegen zu einer »Unreligiosität«.

Unter Berücksichtigung von dem zum Entstehen und zur Stabilität von Grundüberzeugen Ausgeführtem erscheint mir die in meinem Brief von Anfang April erwähnte, von Spaemann für möglich erachtete zeitlich begrenzte Aufgabe der »Standpunkthaftigkeit« zum Zwecke eines »reinen« Philosophierens ganz ausgeschlossen. Ich bin auch davon überzeugt, dass der Gottesglaube von G. W. nicht wirklich erschüttert würde, wie er uns gegenüber äußerte, wenn sich die erwähnten Überlegungen von Bojowald als richtig erweisen sollten, es gäbe keinen Anfang des Universums, damit aber auch keinen Anlass mehr für die Annahme eines letzten Grundes, den man Gott nennen kann.

Damit komme ich zu dem letzten Treffen der Dir bekannten Runde, denn da haben wir uns schwerpunktmäßig mit der »Verbindlichkeit« logisch abgeleiteter Aussagen auseinandergesetzt. Als Beispiel für eine solche »Vernunfterkennt-

Achter Brief

nis« wurde schon im letzten Brief die Ableitung der Unsterblichkeit aus moralischer Notwendigkeit genannt. Dieser Gedanke wurde nun mit der Frage nach dem Sinn des Lebens zusammengebracht und zwar in folgender Weise:

Wir wollen, dass es in der Welt gerecht zugehe und das ist ein sinnstiftendes Ziel. Da es nun in unserem diesseitigen Dasein ganz offensichtlich nicht gerecht zugeht, müssen wir ein jenseitiges imaginieren, um an der Vorstellung der Gerechtigkeit festhalten zu können. Das ist logisch überzeugend, so wie ja auch die Annahme eines letzten Grundes formallogisch überzeugt. Ob das aber irgendwelche Rückschlüsse auf die Wirklichkeit zulässt, über die wir doch Gewissheit zu gewinnen suchen, ist mehr als zweifelhaft. Ein Urteil ist nicht schon dadurch »wahr«, d. h. es entspricht nicht schon dadurch der Wirklichkeit, dass die Denkoperation korrekt nach den Regeln der formalen Logik ausgeführt wurde, sondern nur, wenn auch die Prämissen »wahr« sind. Das aber ist in beiden Beispielen (also Gerechtigkeit als Lebenssinn und bzw. alles muss einen letzten Grund haben) nicht zu verifizieren. Das Ziel Gerechtigkeit ist normativ gesetzt und der letzte Grund wird aus Analogie erschlossen. Hinzu kommt: Die »Vernunfterkenntnisse« über die Unsterblichkeit der menschlichen Seele und den Sinn des menschlichen Lebens erscheinen recht schwach, wenn man ihnen die im letzten Brief vertretene Ansicht zum »Sinn« des Lebendigen schlechthin gegenüberstellt, die im Erhalt und in der Vermehrung der DNS gesehen wurde.

Achter Brief

Gegen die Überlegung, die Ungerechtigkeit in der Welt auf den unerforschlichen Ratschluss Gottes zurückzuführen und damit gleichsam das Erratische der Wirklichkeit einzufangen und es dabei zu belassen, wurde von G. W. geltend gemacht, dies sei eine resignative Haltung. Mag ja sein, aber sie ist immerhin weniger spekulativ als die von ihm vertretene und kann für sich noch ins Feld führen, dass grundsätzlich die Möglichkeit besteht, die »Wahrheit« der Prämisse zu beweisen (siehe Bojowald). Vom Standpunkt einer positivistischen Lebenshaltung aus ist das daher die bessere Option. Ob eine abstrakte quantenmechanische Deutung einen Gläubigen veranlassen könnte, sein religiöses Weltbild zu korrigieren und seine Grundüberzeugung aufzugeben ist eine Frage, bei der große Skepsis angebracht ist.

Dass Grundüberzeugungen selbstredend nicht gänzlich unwandelbar sind, wurde schon gesagt. Das zeigen jedermanns Erfahrungen mit den fast unmerklichen Änderungen von Anschauungen zu Diesem und Jenem im Laufe des Lebens und außerdem Fälle einer echten Konversion. Letztere sind selten im Unterschied etwa zu Brüchen zwischen den Grundüberzeugungen von Eltern und Kindern: Gäbe es sie nicht, sondern nur eine ungebrochene Kontinuität, so gäbe es keine gesellschaftliche Entwicklung – es hätte also auch keine Aufklärung gegeben und in ihrer Folge eine Säkularisation.

Wenn nun im Zuge der Säkularisation bisher verbindliche Glaubensinhalte aufgegeben werden, stellt sich die Frage, was an ihre Stelle tritt, denn die Religiosität bleibt ja erhalten, ihr fehlt jetzt nur gleichsam ein »Substrat«. Ich habe die

Achter Brief

Entwicklungen auf diesem Feld nicht verfolgt, lese nur immer mal wieder, dass es auch in unserem Land so etwas wie eine »Rückkehr der Religion« geben soll. Bei Tuck finde ich in dem oben erwähnten Beitrag die Aussage, »das Verblassen des biblischen Gottesglaubens in der modernen Gesellschaft habe nicht zum Absterben von Religion geführt, sondern neue, frei flottierende Formen von Religiosität freigesetzt.« Im Interesse begrifflicher Klarheit müssen in dieser Aussage Religion und Religiosität ausgetauscht werden: Die Religion kann sehr wohl absterben, nicht aber die Religiosität und es gibt keine neue Formen der Religiosität, sondern bestenfalls neue Formen der Religion, etwa Scientology und andere Arten der Esoterik oder die Ehrfurcht vor kosmischen Kräften und diffusen Energien: Auch der »gottlose Atheismus« zählt wohl dazu, auch wenn er das Religionsbedürfnis mit der Negation des Gottesglaubens befriedigt. In einem meiner Briefe habe ich ja einmal geschrieben, einen wirklichen Atheisten könne es kaum geben, und davon bin ich immer mehr überzeugt, zumal die Grenze zwischen dem Atheismus im strengen Sinne des Begriffs und der völlig unanschaulichen Gottesvorstellung der modernen Theologie fließend ist. Oder was soll man von folgender Auffassung Gottes halten?:[26]

Die große christliche Tradition jedenfalls meint mit dem Wort Gott nicht ein von der Welt getrenntes, bloß im Jenseits sitzendes Wesen, sondern eine total andere Dimension und Wirklichkeit, die nicht dort erst beginnt, wo die uns bekannten (4 oder 11) Dimensionen enden, sondern sie und alles (Raum Zeit, Materie, Geist, Zufall, Notwendigkeit usf.) durchdringt

Achter Brief

und ihnen zugrunde liegt, allem »ko-präsent«, also »all-gegenwärtig« ist.

Das ist kaum in Einklang zu bringen mit der Vorstellung eines Schöpfers, persönlichen Gottes, Weltenrichters und Erlösers.

Zuletzt noch dieses: Wir wollen weitermachen! In der nächsten Gesprächsrunde soll das Problem der Erbsünde (noch einmal!) näher betrachtet werden, die ein Specificum des Christentums ist, und der Positivismus als Grundhaltung. Letzteres bestätigt, was ich irgendwo einmal gelesen habe, dass jedes Philosophieren früher oder später bei der Erkenntnisphilosophie landet.

NEUNTER BRIEF

Tübingen, Mitte Oktober 2009

Lieber D. S.,

Vielen Dank für die Frage nach dem Verlauf unserer Reise. Sie war wie zu erwarten sehr interessant und hat Abstand gebracht zu dem, was mich seit Anfang des Jahres beschäftigt. Doch man lehnt sich da nicht nur zurück, um das Bisherige noch einmal kritisch zu bedenken, sondern kann unerwartet auch Anregungen bekommen, Neues in die Betrachtung einzubeziehen – und das war der Fall.

So hat sich mir nach der Lektüre aller Beiträge in dem Buch »Wiederkehr des Atheismus« noch nachdrücklicher als zuvor die Frage gestellt, welche Relevanz Aussagen haben, die nur auf Analogie beruhen oder psychologisch zu erklären sind wie beispielsweise:

- Warum beschäftigt die Frage, warum ist etwas und nicht nichts?

- Warum unterstellen viele, die von den positiven Wissenschaft aufgefundenen Gesetze (und die mit ihnen beschriebenen Sachverhalte) müssten einen Urheber haben und könnten sich nicht aus innerer Notwendigkeit eingestellt haben?

Neunter Brief

- Warum meinen manche, die Schönheit und Ordnung in der Welt könnten nicht ihre erste Ursache in einem Zufall haben und ihre heutige Form im Zuge der Evolution erreicht haben, sondern seien ein Beweis für die Existenz einer übernatürlichen Kraft?

Sodann gibt es Aussagen, denen Prämissen zugrunde liegen, für deren Wahrheit es keine Belege gibt, ja, die keinen überhaupt vorstellbaren Sachverhalt betreffen, wie beispielsweise in dem Beitrag »Die Vernunft des Glaubens« von Volker Gerhard:

- *… mit einem auf die pure Tatsächlichkeit reduzierten Gott wäre jeder Glaube an ihn verloren.*

- *Gott könne nur als etwas gedacht werden, was die Welt als Ganzes trägt.*

- *Gott werde durch Wissenschaften, die lediglich in allgemein vergleichender Weise auf Teile der Welt ausgerichtet seien, gar nicht berührt.*

- *Die Expansion des Wissens betreffe den Gottesbegriff nur, sofern sie jedem vor Augen führe, dass Gott ein über die Faktizität erhabenes Wesen sei.*

Für keine dieser Aussagen gibt er irgendeine Art von Begründung und es ist auch in Zukunft keine zu erwarten. Sie sind für den unbefangenen Leser aus der Luft gegriffene Behauptungen. Da waren die Schlüsse, zu denen wir drei Freun-

Neunter Brief

de am vergangenen Mittwoch in unserem neuerlichen Diskurs gekommen sind, doch von einem anderen argumentativen Gewicht.

Für das Gespräch hatte ich wieder einige Fragen formuliert, die ihm eine Linie geben sollten, aber zum wiederholten Male haben wir uns schon an der ersten so festgebissen, dass wir zu den restlichen nicht mehr gekommen sind. Diese erste Frage enthielt folgende These:

»Die Frage nach dem Sinn des Lebens sollte nicht unter dem Gesichtspunkt der Philosophie, sondern der Biologie und in ihrer Objektsprache beantwortet werden (wie im letzten »Brief« geschehen: DNS). Jede Sicht, die alle anderen Lebewesen nicht mit einschließt, unterstellt, dass der Mensch das Ziel der Evolution oder die Krone einer Schöpfung sei. Hält man daran entgegen unserem hinreichend gesicherten Wissen fest, stellt sich die Frage, von welchem Entwicklungsstadium der Hominiden an dies der Fall ist.« (Eine ähnliche Problematik, Du erinnerst Dich, ergab sich bei der Erbsünde durch die zwingende Notwendigkeit, sie auf einer Stufe der Entwicklungsreihe zu verorten, da und wenn der Mensch nicht schlagartig in seiner heutigen Form in die Welt getreten ist.)

Bei dem Treffen vor meiner Reise hatten wir die Sinnfrage nicht zu Ende diskutieren können, doch war das Unbehagen an meiner Ansicht deutlich geworden, den Sinn des menschlichen Lebens – und den aller anderen Lebewesen – darin zu sehen, DNS zu reproduzieren und so – natürlich

Neunter Brief

unbeabsichtigt! – den Fortbestand der Art und den Fortgang der Evolution zu gewährleisten. Auf diese Weise sei der Mensch nicht erschöpfend zu erfassen, wurde nun vorgebracht; unter ausschließlich diesem Gesichtspunkt werde man beispielsweise wohl kaum der kulturellen Evolution gerecht. Die Biologie sei eine notwendige, jedoch keine hinreichende Voraussetzung für schöpferische Leistungen. Das sei vergleichbar dem Beispiel des »Bildes«, nach dem auch die umfassendste Analyse der Leinwand und Farbpigmente nicht erklären kann, was dargestellt ist oder es ermöglicht eine Kopie anzufertigen. Erschöpfend, nämlich für alle Lebewesen und alle Lebensformen und Lebensleistungen gleichermaßen zutreffend, sei hingegen der Ansatz, den Sinn des Lebens darin zu sehen, dass die jeweils gegebenen Fähigkeiten ihre Erfüllung finden: Der Löwe jagt erfolgreich Antilopen, der dazu begabte Mensch ist als Dichter oder Musiker schöpferisch tätig und auch der nicht begabte hat ein sinnvolles Lebens, wenn das von ihm Erreichte seinen minderen Anlagen und Begabungen entspricht. Im Nebenher wird damit auch die Frage gegenstandslos, von welchem Entwicklungsstadium im Laufe der Evolution des Menschen an denn ein höherer Sinn sich einstellen könnte: Auf jeder Entwicklungsstufe können die jeweils angelegten Fähigkeiten die ihnen gemäße Erfüllung finden.

Im Lichte dieser Auffassung bekommt schließlich sogar die früher von G. W. vorgebrachte Behauptung einen Inhalt, dass das Leben ohne die Vorstellung der Unsterblichkeit sinnlos sei. Im vorletzten Brief war schon Vergleichbares im Zusammenhang mit der Gerechtigkeitsfrage gesagt worden, dass

Neunter Brief

es nämlich die Unsterblichkeit »aus moralischer Notwendigkeit« geben müsse, wie Kant sagt. Jetzt heißt es: Wenn die Verwirklichung der Anlagen im Diesseits nicht gelingen sollte, ist immer noch die Möglichkeit gegeben, sie im Jenseits zu erreichen, das es »aus metaphysischer Notwendigkeit« geben muss.

Ohne an dieser Stelle das sachliche Gewicht der Aussagen zu werten, die Argumentation zeigt eindrucksvoll, wie man mit Hilfe der Vernunft ein in sich geschlossenes System konstruieren kann, ohne jeden Beweis, dass es in auch nur in einem Punkt der Wirklichkeit entspricht: Ein Baustein stützt den anderen und jeweils stützen sie sich untereinander.

Wird der Sinn des Lebens in der Selbstverwirklichung entsprechend den jeweiligen Anlagen gesehen, wird er völlig individualisiert: Er ist nur in Grenzen artspezifisch (beim Elefanten kann er nicht darin liegen, Antilopen zu jagen), und innerhalb der Art von Individuum zu Individuum unterschiedlich. Das kommt der früher geäußerten Ansicht nahe, jeder Mensch müsse einen Sinn seines Lebens für sich suchen und finden, was allerdings die übergeordnete Sinnfrage (Stichwort DNS) unberührt ließ.

Eine ernsthafte, gleichsam methodische Schwierigkeit folgt nun daraus, dass es keine Möglichkeit gibt, anders als aus dem Erreichten zu erkennen, welche Anlage denn jemand hat, die er verwirklichen könnte. Damit läuft das Ganze insofern auf eine Tautologie hinaus, als auf beiden Seiten der »Gleichung« (auf der einen Seite die auf Verwirklichung drängenden Fähigkeiten, auf der anderen Seite das konkret Erreichte) Identisches steht. Der Begriff »Entelechie«, der sich in diesem Zusammenhang aufdrängt, sagt nichts anderes, denn er bezeichnet das, was sein Ziel in sich trägt. Was dies aber ist, kann nur nachträglich am Erreichen desselben erkannt werden.

Es schmeichelt natürlich dem Selbstverständnis des Menschen, die Sinnfrage aus dem rein Materiellen in den Bereich der Selbstverwirklichung zu legen, denn damit wird ein Weg ins Geistige eröffnet. Nur hat der damit verbundene Verzicht auf einen »generischen« Sinn, der gleichermaßen für alle Menschen wie überhaupt für alle Lebewesen zutrifft, erhebliche Folgerungen: Für die bisherigen Aussagen brauchte man keinen Gott, man kommt ohne jede übergeordnete Instanz aus. Nun benötigt man eine solche, die ein Wissen von den in jedem angelegten Fähigkeiten hat und der man zubilligt beurteilen zu können, ob das diesen Fähigkeiten Entsprechende erreicht wurde.

Das bekommt eine große Bedeutung, wenn noch ein weiterer Baustein in das beschriebene Gedankengebäude eingefügt wird: Die Sünde, ein Begriff insbesondere der abrahamitischen Religionen, der den unvollkommenen Zustand des Menschen bezeichnet, der sich von Gott abgewandt hat, sei es durch die willentliche, sei es durch die verführte Abkehr von Gottes Heilsplan.

Im vorliegenden Zusammenhang heißt das, die Nichtverwirklichung von angelegten Fähigkeiten ist ein wie auch im-

Neunter Brief

mer begründetes Fehlverhalten und damit eine Sünde. Da niemand weiß, welche Fähigkeiten in ihm angelegt sind, die Wahrscheinlichkeit aber dagegen spricht, dass alle grundsätzlich angelegten Fähigkeiten auch Erfüllung finden, kann man bei jedem davon ausgehen, sündig zu sein. Damit ist man unerwartet bei der Erbsünde, hat aber im Lichte dieser Begründung auch das oben noch einmal genannte Problem aus der Welt geschafft, auf welcher Entwicklungsstufe der Hominiden sie zu verorten sei.

Soll man sich nun mit solchen argumentativen Konstrukten zufrieden geben, die kaum auf andere Lebewesen als den Menschen angewandt werden können, oder ist es nicht doch der Sache dienlicher, zu der bereits genannten Vorstellung zu greifen, den »Sinn« aller Lebewesen in der identischen, gelegentlich auch vom Vorbild abweichenden Reproduktion von DNS zu sehen, um den Fortbestand des Lebens und den Fortgang der Evolution zu gewährleisten? Die Evolution, das ist der Weg, der zu einer Vielfalt an Lebensformen geführt hat, von denen **keine einzige** ihr Ziel war – Ziel ist allein die Evolution selbst, nachdem sie einmal angestoßen worden war, d. h. der Weg ist das Ziel.

Das trifft auch auf den Menschen zu, der als Teil der Lebenswelt konsequent in den Begriffen (in der Objektsprache) der Biologie zu betrachten ist. Dann mag man ihm eine Sonderstellung einräumen, die sich aus der Vielfalt seines biologischen Leistungsvermögens ergibt in Begriffen von Mobilität, Reflexions- und Abstraktionsvermögen, Möglichkeiten der Kommunikation und Erfahrungsspeicherung, doch ist

Neunter Brief

er deshalb nicht besser an seine Lebensbedingungen angepasst und für die Lebensbewältigung in seinem Biotop gerüstet als andere Lebewesen in den ihrigen und insofern nicht krönendes Ziel der Evolution.

Daran ändert auch seine Kulturfähigkeit nichts, die aus der Gesamtheit genetischer Veranlagungen wie Religiosität, Sprachvermögen, künstlerischem Ausdruckswillen u. a. folgt. Das sind die Bedingungen, auf denen vom Menschen soziale, kulturelle und zivilisatorische Leistungen erbracht werden, wobei dann die Leistungen auf den verschiedenen Gebieten der Kunst, Wissenschaft und Technik jeweils ihrerseits im Zuge einer evolutionären Entwicklung zu ihrer zeitgemäßen Höhe kommen. Es gibt nicht **ein** Beispiel, dass in diesen Bereichen etwas nichtevolutionär in die Welt gekommen wäre. Das gilt gleichermaßen für die Sprache (deren allmähliche Entwicklung jeder Einzelne im Laufe seiner Kindheit erlebt und die im Sinne des biogenetischen Grundgesetzes gleichsam das Sprachentstehen im Laufe der »Menschwerdung« rekapituliert), wie für die bildende Kunst, (an deren Anfang die primitive »Bannung« von Jagdobjekten auf Felswänden steht), wie für die Musik (die mit einfachen Rhythmen und Lauten begann, die mit Trommeln und flötenähnlichen Gegenständen erzeugt werden können), wie für die Technik (über die schon manche Affen verfügen). Es ist jedenfalls ein absurder Gedanke, es hätte ein impressionistisches Gemälde, eine Barockoper oder eine Dampfturbine vor 6.000 Jahren geben können, als die erzählte Geschichte begann, genauso absurd wie der Gedanke, der Mensch wäre in seiner jetzigen Form damals schlagartig in die Welt getreten.

Neunter Brief

Wie er selber sind auch die von ihm verwirklichten Sozialverhältnisse, Techniken und Künste das Ergebnis jeweils spezifischer Evolutionsprozesse, die in unserer Zeit unverändert weitergehen. Natürlich auch, was den Menschen selbst betrifft, denn er mag uns zwar heute als so etwas wie das Endergebnis der Evolution erscheinen, ist aber in Wirklichkeit nur ein Zwischenglied in der Entwicklung zu einem Lebewesen unbekannter Art, das dermaleinst auf der Erde sein könnte.

Am Ende noch eine Bemerkung zu den Urteilen, zu denen man »nur« durch logische Operationen kommt, wie beispielsweise, dass es einen letzten Grund geben müsse. Sie beruhen nicht auf Prämissen, vielmehr werden sie aus Analogie geschlossen und maßgeblich dafür sind psychologische Gründe, um Kausalbeziehungen herzustellen oder die Sachverhalte in einen Zusammenhang zu bringen. Davon zu unterscheiden sind Schlüsse, die auf Prämissen beruhen, die unstrittig vorhandene, jedoch nicht dingfest zu machende Sachverhalte betreffen. Im Zusammenhang mit der Sinnfrage etwa heißt das: Es ist nicht zu bestreiten, dass es angeborene Fähigkeiten gibt (die vielleicht sogar dermaleinst nachzuweisen sind, bevor sie sich an Ergebnissen gezeigt hätten) und ebenso wenig, dass man mit ihnen entsprechende Leistungen erbringen kann. So kann man die beiden Sachverhalte zusammenbringen und, wie vorstehend geschehen, zur Beantwortung der Sinnfrage heranziehen. Für die zitierte Aussage: »*Die Expansion des Wissens betreffe den Gottesbegriff nur, sofern sie jedem vor Augen führe, dass Gott ein über die Faktizität erhabenes Wesen sei*« gibt es hingegen keine denkbare Prämisse, die diesem Urteil zugrunde liegen könnte und gleiches gilt für die Aussage: *Gott könne nur als etwas gedacht werden, was die Welt als Ganzes trägt.*

Aussagen wie diese können sehr eingängig sein und gefallen, so wie mir beispielsweise die, ihm komme keine »Tatsächlichkeit« zu. Dies ist stimmig mit meiner Ansicht, Gott sei »nur« eine (wenn auch für das individuelle und soziale Leben sinnvolle) Fiktion. Ungeachtet meines Wohlgefallens bleibt freilich die Frage offen, wie man einer solchen bloß gedachten, »über jeder Faktizität erhabenen Größe« praktische Eingriffe in die gegebene Welt der Fakten unterstellen kann. Direkt wohl keinesfalls, aber natürlich sehr leicht über die handelnden Menschen, die von der Wahrheit dieser Fiktion überzeugt sind.

Leider schreiben sie nicht nur vom Gottesgedanken beseelt heilige Bücher, sondern führen auch heilige Kriege, in denen sie all die totschlagen, die nicht an ihren fiktionalen Gott glauben. Insofern ist er dann allerdings sehr lebendig.

ZEHNTER BRIEF

Tübingen, Ende Oktober 2009

Lieber D. S.,

Noch vor dem Eintreffen Deiner Reaktion auf meinen letzten Brief schreibe ich Dir heute schon wieder: F. S., mit dem uns eine gemeinsame Zeit in G. verbindet, hat mir die mehrseitige Stellungnahme zu meinen Thesen von einem mir unbekannten Herren zukommen lassen, den auch F. S. nicht persönlich kennt. Von Hause aus Physiker, gehört er einem Kreis Interessierter an, die sich ebenfalls mit Dawkins beschäftigen. Seine Argumente sind so bedenkenswert, dass man nicht darüber hinweggehen sollte. Dabei ist es nicht erforderlich, zu allen Punkten, die er berührt, im einzelnen etwas zu sagen. Es reicht aus, sich auf die Sachverhalte zu beschränken, um die es in meinen Briefen im Wesentlichen geht, also Evolution, Religiosität und Gott.

Zum genetischen Ursprung der Religiosität und dem, was ich zur Rolle des »Theoriebedürfnisses« gesagt habe, hier nur soviel, dass in der Stellungnahme Schleiermacher zustimmend mit der Aussage zitiert wird »der lebendige Bezug zum Unendlichen, zum Ewigen, stelle eine ursprüngliche Anlage des Menschen dar, die freilich geweckt werden müsse«. »Ursprüngliche Anlage«, das ist wohl nur ein anderes Wort für »genetisch bedingt« und hebt auf den »extended phenotype«

Zehnter Brief

von Dawkins ab. Und das »Gewecktwerden«, so kann man sich vorstellen, erfolgt im Zuge der Sozialisation.

Dass es die von dem unbekannten Autor nachdrücklich betonten Grenzen der positiven Wissenschaften gibt, sei unbestritten, welche davon aber grundsätzlich sind, wo sie liegen und welche nur aktuell bestehen, wissen wir nicht. M. H. weist in unserer kleinen Runde immer wieder darauf hin, dass die Quantenphysik sich mit Gegenständen befasst, die wir uns nicht vorstellen, die gleichwohl mathematisch gefasst werden können und vor allem: die eine praktische Bedeutung haben. Damit fallen sie nach meinem Verständnis in den Bereich der positiven Wissenschaften und unterscheiden sich maßgeblich von den in meinem letzten Brief angesprochenen rein »spekulativen Vernunfturteilen«.

Was den Gewinn weiterer Erkenntnisse betrifft, bin ich optimistisch. Man denke an die vielen wahrhaft erstaunlichen Einsichten der Wissenschaften, die im letzten Jahrhundert gewonnen wurden und die kühnsten Erwartungen übertrafen. So wie man das nicht hat absehen können, kann niemand vorhersagen, was dereinst noch alles erkannt und erklärt werden kann. Grundsätzliche Grenzen dürfte es, wie schon einmal ausgeführt, bei der Erforschung unseres Gehirns geben, weil ein Komplexes nur von einem noch Komplexeren erfasst und erklärt werden kann. Und unbestreitbar ist auch aus der Kenntnis von Details nicht zwangsläufig ein Urteil über das Ganze möglich, dessen Teile sie sind: Die Kenntnis des Genoms, also der Basensequenzen, sagt nichts über das Individuum aus, dessen Programm darin enthalten ist. Wesentlich

Zehnter Brief

ist für meine Betrachtung: Aus dem Umstand, dass es nach wie vor Lücken im Verstehen fast aller Sachverhalte gibt, ist nicht auf das Vorhandensein einer übernatürlichen Kraft zu schließen. Im Speziellen stellt es nicht die maßgeblich durch die Universalität und Kostenträchtigkeit des Phänomens gestützte Vorstellung in Frage, dass es eine genetische Veranlagung der Religiosität gibt, und es entkräftet auch nicht die Aussage, dass Gott eine aus dieser genetisch veranlagten Religiosität hervorgegangene Fiktion ist.

Die Überlegungen im Zusammenhang mit der Frage nach dem WARUM der Erscheinungen, die den Menschen seit jeher beschäftigt, sind angemessenerweise in der »Objektsprache« der Psychologie zu betrachten. So kann man das mehrfach erwähnte Theoriebedürfnis deuten, das als spezielle Untergattung ein »Kausalitätsbedürfnis« enthält und dies aus gutem Grund: Es ist für die Lebenspraxis von enormer Bedeutung, »wenn – dann« Beziehungen aufzudecken, **oder** sie zu imaginieren, da wir nur unter dieser Bedingung in der Lage sind, zielvoll zu handeln, um ein Bezwecktes zu erreichen. Ohne eine wie auch immer zustande gekommene Vorstellung davon, wie die Dinge kausal zusammenhängen, wird Handeln zu einem sinnlosen (und hilflosen) Aktionismus.

Insofern erstaunt es nicht, auch allen Naturerscheinungen eine Ursache zuzuweisen und überhaupt durchgängig (bis hin zu der Frage: Warum ist etwas und nicht nichts?) von einer Verursachung all dessen auszugehen, was in der Welt ist, bis man »am Ende«, d. h. im Zustand der Ratlosigkeit, zur

Zehnter Brief

Vorstellung einer »übernatürlichen Kraft« kommt. Sie kann naiv die Form von Gottvater haben, kann aber auch ins Abstrakte gehoben werden, etwa zur »überlegenen Vernunft« Einsteins, den der unbekannte Autor auch noch mit der Aussage zitiert, »eine tiefe, gefühlsmäßige Überzeugung von der Existenz einer höheren Denkkraft, die sich im unerforschlichen Weltall manifestiere, bilde den Inhalt seiner Gottesvorstellung«. Dies gründet indes ebenso wie die Hawkins zugeschriebene Frage, »wer oder was den Naturgesetzen ihren Odem eingehaucht habe« auf einer anthropomorphen Gottesvorstellung: Die Unterschiede zwischen dem greifbaren und gerade dadurch lebensbestimmenden Gott des naiv Gläubigen und den abstrakten Umschreibungen des vom naiven Glauben emanzipierten Wissenschaftlers sind graduell.

Schwer verständlich ist nun, dass man zwar Zweifel an der Vorstellung hat, das Universum allgemein und die Erde speziell, sowie das Leben auf ihr, könnten durch Zufall entstanden sein und stattdessen unterstellt, es müsste dafür eine Ursache geben, und sei es in Form einer »überlegenen Vernunft«, die unser Begreifen übersteigt. Ich muss gestehen, das mit dem »Nichtbegreifen« trifft bei mir zu, wenn ausgeführt wird, die (Natur-)Gesetze müssten schon vor dem Universum »da« gewesen sein, der »Geist« vor demselben. Ist das Universum aber einmal Wirklichkeit geworden, entwickelt sich alles Weitere aus Notwendigkeit – und ist in großen Teilen mit Hilfe der positiven Wissenschaften zu erklären, oder wie?

Zehnter Brief

Eine Erkenntnis der positiven Wissenschaften ist, dass sich Höheres ausnahmslos nur auf dem Wege einer Evolution im Laufe langer Zeiten herausbilden kann, wie das Leben selbst eindrucksvoll zeigt. Warum wird nun nicht mit der gleichen Konsequenz, mit der hinter allen Erscheinungen (zur Befriedigung des Kausalitätsbedürfnisses) eine Ursache angenommen wird, nicht auch für alle zu höheren Leistungen befähigten Kräften ein der Evolution vergleichbares Werden unterstellt? Wir gehen zwar (aus Gewohnheit) davon aus, dass alles eine Ursache hat, und wissen auch, dass alles Hochdifferenzierte sich aus einfacheren Formen entwickelt, aber beim angenommenen Schöpfer von all dem unterstellen wir, dass er schlagartig, ohne je eine Vorstufe durchlaufen zu haben, irgendwie und dazu noch in vollkommener, wenn auch unerklärlichen Weise Wirklichkeit wurde. Und er muss Wirklichkeit geworden sein, denn nur, wenn ihm eine »Tatsächlichkeit« zukommt, kann er all das geschaffen haben, was ist und das wir mit den Mitteln der positiven Wissenschaften in ihrem inneren Wesen zu erfassen suchen. Natürlich kann man das Universum als die Manifestation der »tiefsten Vernunft« und der »leuchtendsten Schönheit« sehen, aber ist das hilfreicher für ein Verständnis, wie es entstanden sein könnte als die Annahme der Singularität des »Urknalls«? *

---

* Es wäre seltsam, wenn es keine Kongruenz zwischen der menschlichen Vernunft und der Wirklichkeit geben würde: Einen biologischen Sinn kann die Vernunft nur haben, wenn sie die Wirklichkeit grundsätzlich so deuten kann, wie sie ist und da die Evolution unter den gegebenen physikalischen etc. Bedingungen stattgefunden hat, besteht auch im Materiellen eine Kongruenz, etwa bei der Schwerkraft und der Knochenstruktur.

Zehnter Brief

Man kann aus diesem gedanklichen Dilemma herauskommen, indem man alles, was mit dem »Schöpfer« und der »Schöpfung« zusammenhängt, schlicht als ein dem Menschen im wahrsten Sinne der Begriffe unvorstellbares und ihm auch für immer unerforschliches Mysterium fraglos hinnimmt. Mit unserem Selbstverständnis ist das jedoch kaum zu vereinbaren und so hat es denn auch noch nie eine Grenze in der Wissenschaft gegeben, an der man freiwillig und bewusst die Suche beendet hätte, nicht weiter ins Unbekannte vordringen wollte und mit dem Erreichten zufrieden war. Wenn wir uns aber, unserem Drang nach Erkenntnis folgend, mit der Schöpfung befassen und nach deren letztem Ursprung fragen, kommen wir unausweichlich zu einer »Nahtstelle«, an der zwangsläufig der unerforschbare Schöpfer, welchen Begriff man von ihm auch haben mag, und die grundsätzlich erforschbare Schöpfung zusammenhängen. Wie soll man mit dieser »Unvereinbarkeit« umgehen? Macht es Sinn, das verstehen zu wollen, was nach verbreiteter Ansicht nicht nur unvorstellbar, sondern aus grundsätzlichen Erwägungen unerfassbar ist? Oder soll man schweigen, weil man über das Unerfassbare und Unvorstellbare nicht sprechen kann? *»Die richtige Methode der Philosophie wäre eigentlich die: Nichts zu sagen, was sich nicht sagen lässt, also Sätze der Naturwissenschaft – also etwas, was mit Philosophie nichts zu tun hat.«*[27]

Du hast in Deinem letzten Brief u. a. gefragt, was mir denn nun die monatelange, recht intensive Befassung mit dem Thema gebracht habe? Auf die Gefahr hin, mich zu wiederholen, hier die Antwort: Ich meine, eine Brücke ausgemacht zu haben zwischen dem Positivismus der Naturwissenschaf-

Zehnter Brief

ten und der Metaphysik der Religion: Die genetische Anlage zur Religiosität kann erklären, wie es zu der Fiktion von Gott kommt und die Sozialfunktion der Religion, welchen Nutzen sie für die Gesellschaft und den Einzelnen hat, der die hohen, mit ihr verbundenen Kosten rechtfertigt.

Für all dies ist die Tatsächlichkeit Gottes nicht notwendig, ja, das Bemühen um Gottesbeweise, die sich samt und sonders auf Spekulationen oder »nur« logische Operationen stützen, wird dann nachgerade unverständlich, weil überflüssig. Schon die Vielzahl unterschiedlicher Götter mit jeweils zugehörigen Religionen sind Argumente gegen die Tatsächlichkeit nur eines einzigen, zu dem man durch Zufall, nämlich durch das Hineingeborenwerden in eine bestimmte Gesellschaft, ein besonders enges Verhältnis hat. Es muss aber um die Tatsächlichkeit sehr vieler Götter gehen, da die ihrem Entwurf zugrundeliegende Religiosität vergleichbar dem Sprachvermögen eine transkulturelle Universalie ist. So wie letztere unabhängig von der jeweils spezifischen Sprache der Verständigung dient, ist erstere unabhängig von den jeweiligen Inhalten der Orientierung in der schwer verständlichen Welt dienlich, von anderen Funktionen wie Ausweitung der Solidarität über Familiengrenzen hinaus abgesehen, so wichtig dies gerade in unserer Zeit für die Gestaltung der sozialen Wirklichkeit geworden ist: Sie stehen heute bei einigen Glaubensgemeinschaften im Vordergrund religiös begründeter Haltungen und Handlungen, während die Aufgabe, eine Brücke zum Transzendenten zu schlagen, an Bedeutung verloren hat.

Zehnter Brief

Am diesem Punkt der gedanklichen Auseinandersetzung mit dem Thema »Evolution, Religiosität und Gott« stellt sich die Frage, was überzeugender oder besser, was überhaupt im Lichte des Dargelegten vor der Vernunft zu verantworten ist:

- Die Vorstellung, dass das Universum von einem personalisierten Gott aus dem Nichts heraus bis in seine heutige Form hinein geschaffen wurde?

- Die Vorstellung, dass das Universum seine Existenz einer überlegenen Denkkraft verdankt, ohne dass wir eine Ahnung von den dafür unabweisbar erforderlichen prozessualen Vorgängen haben?

- Die Vorstellung, dass das Universum mit einer Singularität seinen Anfang nahm, von deren Art wir bis jetzt nur wenig wissen, und von dem aus sich das Weitere dann nach Zufall und Notwendigkeit ergab?

- Die Vorstellung, dass all das, was zur nicht naturwissenschaftlichen Erklärung der Schöpfung des Universums herangezogen wird, anthropomorphe Fiktionen sind, die aus der angeborenen Religiosität folgen?

Es ist wohl kaum überraschend, dass ich beim heutigen Kenntnisstand davon ausgehe, das Universum habe mit der Singularität seinen Anfang genommen und mich ansonsten für die letzte Option entscheide: Gott ist nicht Schöpfer und hat uns gemacht, sondern wir ihn als eine durchaus fruchtbare Fiktion. Und deshalb sind Aktionen gegen ihn unver-

Zehnter Brief

ständlich und zeigen, dass die Protagonisten solcher Aktivitäten die Zusammenhänge zwischen Evolution und Religiosität und dem darauf erwachsenen Gottesglauben nicht erkannt haben.

Das also hat sich aus den durch die Lektüre von Dawkins Buch angeregten Überlegungen ergeben. Dawkins ist dabei in weiten Teilen auf der Strecke geblieben – was wir am Anfang wohl kaum erwartet hätten!

⚘

Anfang November

Der Brief ist zurückgekommen, da er nicht ausreichend frankiert war! Auch so etwas kann passieren, man mag es kaum glauben, aber in diesem Fall war es ein glückliches Versehen, denn es gibt mir Gelegenheit, eine wichtige Ergänzung vorzunehmen und das Thema in gewisser Hinsicht abzuschließen: Wir sind letzten Montag beim Treffen des Dir bekannten Kreises an einem Punkt angelangt, an dem es nicht mehr möglich war, die zutage getretenen Differenzen in der Einschätzung eines Sachverhaltes im Diskurs zu beseitigen. Es ging einmal mehr um die Frage, ob dem Menschen eine Sonderstellung unter den Lebewesen zukommt, die sich nicht aus den bereits in einem früheren Brief genannten biologischen Eigenschaften ergeben, sondern die ihn letztlich als von allen anderen Arten »kategorial« unterschieden ausweist. Als Kriterien wurden u. a. genannt: Die ihm gegebene Freiheit und sein Streben nach Wahrheit, sinnfällig geworden in unserem

Zehnter Brief

eigenen Bemühen, zu einer gedanklich überzeugenden Antwort auf die Fragen zu kommen, die sich im Zusammenhang mit dem uns beschäftigenden Thema gestellt haben.

Ähnlich wie bei der Frage, an welchem Punkt der Entwicklung vom gemeinsamen Vorfahren der Primaten zum *homo sapiens* die Erbsünde zu verorten ist, stellte sich nun die Frage, an welcher Stelle denn der behauptete kategoriale Unterschied zwischen Mensch und Tier in Erscheinung getreten sein soll. Dazu ist es nicht erforderlich, wie M. H. ins Spiel brachte, mit Hilfe von Fossilien irgendeine geeignete Vorstufe zu festzumachen, vielmehr sind die mit dieser Vorstellung verbundenen Weiterungen auch gedanklich aufzuzeigen: Geht man den Vorstellungen der Evolutionstheorie entsprechend von einer fortlaufenden Entwicklung aus, so dürfte es eine Stufe gegeben haben, auf der man die dort existierende Art – wegen der zunächst nur unscharf vorhandenen Eigenschaften, die den Menschen unverwechselbar zum Menschen machen sollen – in die eine oder die andere Kategorie, also als »Nochtier« oder »Schonmensch« einordnen könnte. Wie der Übergang stattfindet, das konnte G. W., der diese Ansicht nachdrücklich vertrat, nicht sagen, jedenfalls – und das ist entscheidend! – seiner Meinung nach nicht im Zuge der Evolution. Und in der Tat: Wie könnte es auf diese Weise zu einem kategorialen Unterschied kommen? Plötzlich stand da unausgesprochen im Raum: »Hat nicht doch ein göttlicher Atem den Menschen zum Menschen gemacht?«

Als Eigenschaft, die ihn zum Menschen macht und vom Tier trennt, wird gerne seine Kulturfähigkeit angeführt,[28] wobei

Zehnter Brief

deren genetische Bedingtheit in Form von Sprach-, Kunst- und Religionsvermögen von den beiden Freunden nicht in Frage gestellt wird. Insoweit gibt es also (noch) keinen kategorialen Unterschied; sie gehören zum »Extended phenotype« des Menschen wie andere zu dem einer beliebigen Tierart gehören. Aber diese biologischen Gegebenheiten seien, wie von G. W. schon früher an anderer Stelle ausgeführt, zwar notwendige, nicht aber zureichende Voraussetzungen für seine Kulturfähigkeit. Wissenschaft etwa ließe sich nicht »evolutionsbiologisch« begründen.

Natürlich lässt sich Wissenschaft so wenig evolutionsbiologisch begründen wie der Islam oder das Christentum. Ebenso aber wie es für diese die Religiosität als eine im Laufe der Evolution aufgetretene Veranlagung gibt, auf der sich der Islam und das Christentum entwickeln konnten, gibt es für das Entstehen von Wissenschaft als eine im Laufe der Evolution aufgetretene Veranlagung das genetisch verankerte Bemühen, ein zutreffendes Bild von der Wirklichkeit zu gewinnen. Dieses Anliegen haben alle Lebewesen, weil sie nur dann in ihrer Umwelt überleben können. Das trifft schon auf manche Einzeller zu, die durch lichtempfindliche Einrichtungen in der Lage sind, zielgerichtet Nahrung oder Schutz zu finden, auf staatenbildende Insekten, denn nur wenn sie sich realitätsgerecht verhalten, können sie ihren Aufgaben im Dienste der Gemeinschaft nachkommen, also Futter herbeischaffen, Vorräte anlegen, den Nachwuchs pflegen, ihren Bau verteidigen. Und Vergleichbares gilt für andere Tiere: Sie müssen aus innerer Notwendigkeit, mit welchem Sinn auch immer, ein möglichst »wahres«, also objektiv wirkliches Bild ihrer

Zehnter Brief

jeweiligen Lebensumstände zu gewinnen suchen. Keine Biene würde andernfalls zu ihrem Bau zurückfinden, kein Vogel sein Nest mit den Jungen wieder aufsuchen, kein Raubtier seiner Beute habhaft werden können.

Vergleichbar sucht der Mensch, der höheren Leistungsfähigkeit seines Erkenntnisvermögens gemäß, kognitive Gewissheit über die Welt und die ihn interessierenden Sachverhalte zu gewinnen, was dann am Ende zum Entstehen von »Wissenschaft« führt. Und in ihrem Rahmen werden idealtypisch die Gesetzmäßigkeiten erkannt, die es ermöglichen, ein Bezwecktes mit hoher Sicherheit zu erreichen und im günstigen Fall die Natur so zu beherrschen, dass sich daraus Überlebensvorteile ergeben. Einen kategorialen Unterschied zum Tier kann man jedenfalls am Drang nach Wahrheit (als entscheidendes Movens zur Evolution von Wissenschaft) nicht festmachen. Eine Frage ist allenfalls, ob mit der durch die Schrift möglichen Akkumulation des Wissens ein Sprung von der Quantität zu einer neuen Qualität der Erkenntnisgewinnung und Weltdeutung stattgefunden hat. Was eine neue Stufe in der kulturellen Evolution wäre, die auf dem Ergebnis der biologischen aufbaute.

Macht die Religiosität selbst einen kategorialen Unterschied des Menschen zum Tier aus? Das wäre der Fall, wenn sie ohne jede Vorform erstmals und nur beim Menschen vorhanden wäre. Beobachtungen bei Tieren sprechen dagegen. So schreckt der Hund vor jedem unbekannten Gegenstand in einer ihm vertrauten Umgebung zurück; er rechnet offenbar mit der Belebtheit des Gegenstandes und sieht darin eine

Zehnter Brief

Gefahr. Das steht in einer Linie mit den Vorstellungen des Animismus beim Menschen, nach dem Alles belebt ist und vor allem Unbekanntes Angst auslöst. Angst aber ist ein wesentliches Movens für die Entwicklung der Religionen, mit deren Hilfe sie überwunden werden kann.

Keinen kategorialen Unterschied zwischen Tier und Mensch kann man an seiner Fähigkeit festmachen, innere Vorstellungen zu entwickeln, die überhaupt keine Entsprechung in der Wirklichkeit haben. Das, so sollte deutlich geworden sein, trifft auf den Gottesglauben zu: Gott »gibt es« als Fiktion und er hat als solche große Wirkungen auf die Gestaltung der Wirklichkeit, aber keine Faktizität und kann somit auch nicht als existent außerhalb von uns selber wahrgenommen werden. In vergleichbarer Weise kann der Mensch auf dem Boden der »Religiosität« aus innerem Antrieb, zur Erklärung der Wirklichkeit oder in Antizipation wünschenswerter Zustände Ideologien (Theorien) der verschiedensten Art konstruieren, etwa politische oder die Welt deutende, die sein Handeln und Denken bestimmen mögen, ohne Realitätsgehalt der ihnen zugrundeliegenden Annahmen oder Sicherheit über die Verwirklichungsmöglichkeiten. Speziell der Marxismus wurde gerne als »Ersatzreligion« gesehen und heute sind es Wissenschaftsdebatten wie die um den Klimawandel, die als *civil religion* den aus der Kirche ausgezogenen Glauben der industriellen Massengesellschaft bilden.

Für andere Bereiche der »Kulturfähigkeit« des Menschen gilt ähnliches, d. h. es ist ebenfalls von genetischen Ursprüngen auszugehen: Neben der Religiosität wurde in den Briefen das

Zehnter Brief

Sprachvermögen als eine Universalie genannt; sie ist damit ebenfalls Teil des menschlichen Phänotyps. Und dass es ein genetisch verankertes Kunstvermögen gibt, zeigt beispielhaft die Fülle an musikalischer Begabung in einigen Familien wie bei den Bachs. Kurzum: die biologischen Bedingungen, die den Eigenschaften zugrunde liegen, die den Menschen kategorial vom Tier unterscheiden sollen, sind in seinem Genotypus vorhanden und haben sich in einer jeweils eigenen Evolution im Laufe der Zeit zu ihrer jeweils zeitgemäßen Höhe entwickelt. Es ist nicht zu erkennen, wieso es neben der genetischen Veranlagung und der darauf gründenden kulturellen Evolution noch notwendig sein könnte, weitere »zureichende« Gründe anzunehmen.

Sehr wohl aber lässt sich das Beharren auf dieser Annahme psychologisch erklären, nämlich mit dem Festhalten an Grundüberzeugungen, die sich immer wieder als weitgehend resistent gegen Argumente erweisen, die ihnen entgegenstehen und die es offenbar sehr schwer machen, speziell Fragen zu Religion und Gott konsequent in Begriffen der Biologie und im Lichte der Evolution zu betrachten. Man muss das nicht für »kategorial« besser halten als die Betrachtung der fraglichen Gegenstände in Begriffen der Philosophie und im Lichte einer Religion, aber sie zeigen, wie zutreffend die Aussage von Spaemann ist, »wer sich mit der Standpunkthaftigkeit zufrieden gebe, sei noch nicht bei der Philosophie angekommen«. Zu präzisieren wäre hier: nicht bei einer *grundüberzeugungsfreien* Philosophie angekommen. Da dies aber auch für die andere Seite gilt, der man übrigens an diesem Punkt der Diskussion mit negativer Konnotation eine »ma-

Zehnter Brief

terialistische«, »naturalistische« Haltung unterstellte, war ein Punkt erreicht, an dem sich die Positionen als grundsätzlich unterschieden zeigten. Die erste Frage ist, ob sich daraus irgendwelche Konsequenzen für unser »Diskussionsdreieck« ergeben und die zweite, viel interessantere: Kann man zwei völlig verschiedene Sichtweisen so integrieren, dass ein kohärentes Weltbild entsteht?

Antwort auf die erste Frage: Nach einhelliger Meinung sollten die in der Diskussion deutlich gewordenen Unterschiede in den Auffassungen keine praktischen Konsequenzen für unsere Gespräche haben. Antwort auf die zweite Frage: Bei einem nächsten Treffen soll erörtert werden, was es mit dem kohärenten Weltbild auf sich hat. Nach aller Erfahrung wird es aber wohl keine Beschränkung unserer Diskussion auf diesen Gegenstand geben!

ELFTER BRIEF

Tübingen, Anfang Juni 2010

Lieber D. S.,

Es hat viel länger gedauert als erwartet, bis die im letzten Brief bereits angekündigte Diskussion stattfinden konnte: Menschen im Ruhestand haben erfahrungsgemäß keine Zeit. Warum das so ist, hat sich mir bisher nicht erschlossen.

Zu Beginn der Diskussion habe ich noch einmal hervorgehoben, dass für die Betrachtung der Phänomene »Religiosität« und »Gott« im Zusammenhang mit der Evolution der Blickwinkel der Biologie richtungsweisend war. Daraus erklärt sich der Charakter der im Zuge der Befassung mit den Gegenständen gewonnenen Einsichten: Es sind positivistische Aussagen, die, wirklich und in aller Konsequenz ernst genommen, der Religion und dem Glauben an Gott den transzendentalen Ursprung bestreiten und ihnen damit die übernatürliche Grundlage entziehen. Das wurde in den Gesprächen mit den beiden Freunden mehrfach in dieser Klarheit gesagt und dennoch konnten beide meinen Gedankengängen in weitem Umfang zustimmend folgen und die meisten »Teilaussagen« akzeptieren, aus denen sich am Ende die Dir bekannten Schlussfolgerungen ergaben. Dann aber hatte G. W. sehr prononciert an der Vorstellung einer kategorialen Sonderstellung des Menschen festgehalten und außerdem erneut seine grundsätzlichen Bedenken gegen die universelle Gültigkeit des positivistischen Erklärungsansatzes vorgebracht: Dies sei nur ein begrenzter Ansatz, weil er sich selbst nicht erklären kann, insofern »hinge er in der Luft«, er sei eine erklärungsbedürftige Größe, für die Messung und Experiment nicht ausreichten. Sowohl die Vermeidung einer »Heilige-Schrift-Bezogenheit« als auch einer wissenschaftlich sich selbst genügenden Welterklärung sei nur durch einen philosophischen Ansatz möglich, der seinerseits nicht positivistisch ist und die Möglichkeit des Redens über Gott eröffne. Anders gewendet: Was wir wissen können, kann uns die Wissenschaft nur faktisch beantworten, was aber Wissenschaft sei, muss philosophisch beantwortet werden.

Der abwertend gemeinte Einwand, der Positivismus ließe sich nicht mit dem positivistischen Ansatz begründen, ist zwar richtig, aber dem ist ein gewichtiges Faktum entgegenzusetzen: Unsere ganze wissenschaftlich-technische Zivilisation beruht auf Empirie und den Messungen sinnlich erfahrbarer Phänomene, kurzum auf Ergebnissen der positiven Wissenschaften. Der Positivismus mag daher zwar keine befriedigende philosophisch-logische Grundlage haben, aber er führt zu sehr »handfesten« Ergebnissen und »beweist« sich damit. (So ähnlich wie speziell in der Medizin gilt: »Wer heilt, hat Recht«). Welches Gewicht also soll man dem »in der Luft hängen« angesichts der ungeheuren Wirkung dieses Ansatzes auf die aktuellen Lebensverhältnisse beimessen? Auch für unser wissenschaftliches Weltbild hat das offenbar keine Bedeutung, denn trotz der Unmöglichkeit, den Positivismus mit seinen Mitteln zu begründen, hat dieses Weltbild eine hohe Überzeugungskraft und auch soziale Verbindlich-

Elfter Brief

keit erlangt und die von Weltdeutungen anderer Provenienz außerordentlich geschwächt.

Es ist aber auch zu fragen, ob denn die Weltdeutungen anderer Provenienz auf einer festeren, einer überzeugenderen Grundlage stehen? Soviel ist sicher: Religiöse Aussagen beruhen nicht auf Empirie oder sind das Ergebnis von Messungen, vielmehr kommen sie auf unerklärte Weise aus dem Bereich der Transzendenz, sind nicht beweisbar; sie ermöglichen keine Voraussagen über zukünftige Zustände und sie liefern keine praktisch verwertbaren Einsichten in weltliche Sachverhalte. Andererseits können religiöse Vorstellungen, auch wenn sie **direkt** keine handfesten Ergebnisse zeitigen, sehr wohl **indirekt**, nämlich über das von ihnen bestimmte Verhalten der Gläubigen, die Wirklichkeit durchdringend gestalten. Das wird in den Briefen mehrfach eindrücklich gesagt.

G. W. hat in unserem Gespräch unter Bezug auf seinen Glauben noch einmal die »Realexistenz« Gottes betont, und Benedikt XVI. geht in seinem Regensburger Vortrag über Glaube und Vernunft implizit davon aus.[29] Dieser Begriff war in unseren Gesprächen öfters verwendet worden, ohne dass diskutiert worden wäre, was genau darunter zu verstehen sei.

Im naiven Sinne könnte damit etwas in der Wirklichkeit dinglich Vorhandenes gemeint sein, wovon die Masse der Gläubigen wohl – ohne das philosophisch begründen zu wollen oder zu können – ausgehen dürfte. Logisch kann man argumentieren, dass Gottes Realexistenz begriffsnotwendig zu seiner Vollkommenheit gehört. Mit Kant wäre zu sagen, dass das Dasein kein reales Prädikat ist, das zum Begriff eines Dinges hinzukommen kann, sondern dass es »das Gesetztsein eines Dinges samt allen seinen Eigenschaften ist«. Dabei wird nichts über die Art und Form des in diesem Sinn Existierenden gesagt. Es könnte also auch einfach eine innere »Vorstellung« von Gott sein, so wie wir auch sagen, man »hat« ein gutes Gewissen, ohne dass man dies wahrnehmen könnte. M. H. hat mehrfach auf die Quantenphysik verwiesen: Die Existenz der darunter verstandenen Gegebenheiten kann mit mathematischen Methoden nachgewiesen werden, aber sie entziehen sich völlig der Anschauung, d. h., es sind nicht wahrzunehmende Phänomene.

Vergleichbares ließe sich über Gott sagen, von dem wir uns ja kein Bild machen sollen, aber eben auch keines machen können. Wenn er aber für den Gläubigen »nur« in seiner Vorstellung »existiert«,. was wäre das anders als eine »Fiktion«? Fiktion verstanden als eine Aussage über einen Sachverhalt ohne überprüfbaren Wirklichkeitsbezug. Wenn wir uns darauf einigen könnten, hätten wir es bei dem Dissens insoweit (fast?) mit einem Scheinproblem zu tun. Freilich gehe ich nicht so weit und behaupte, mein Weltbild ließe sich deshalb mit dem von G. W. zur Deckung bringen und daraus wiederum folgt der allgemeine Zweifel, ob es grundsätzlich möglich ist, sei es in sozialer, sei es in individueller Hinsicht, in unserer Zeit ein kohärentes Weltbild zu gewinnen, ja, ob das überhaupt je möglich gewesen ist, wenn neben der religiösen Weltdeutung eine konkurrierende aus anderen Erfahrungsquellen steht.

Elfter Brief

Das Problem gibt es also nicht erst in unseren Tagen, sondern muss immer bestanden haben: Kann man bei divergierenden Positionen – auf der einen Seite die Aussagen, die sich aus der naturwissenschaftlichen Befassung mit den Phänomenen ergeben und auf der anderen die Aussagen eines gelebten Glaubens – ein kohärentes Weltbild haben? Kohärentes Weltbild will sagen, eine von Widersprüchen freie Vorstellung von der Wirklichkeit, mit deren Hilfe wir uns orientieren können. Das führt zu einer Reduktion der ungeheuren Komplexität der Wirklichkeit vornehmlich mit Hilfe der Kategorie der Kausalität. Im Idealfall wird so die Gesamtheit der Phänomene, d. h. alles in der Welt Gegebene, in einen Zusammenhang und auch damit in eine überschaubare Ordnung gebracht. Das kann im Rahmen einer Religion erreicht, kann aber auch als übergeordnetes Ziel des Erkenntnisbemühens in den positiven Wissenschaften unterstellt werden. Motivation ist in beiden Fällen das Theoriebedürfnis, oder, was das Zwanghafte des Erklärungsbemühens treffender ausdrückt als mein Begriff aus dem erwähnten Vortrag in Florenz, eine regelrechte »Theoretisierungskrankheit«.[30]

Während im Hinblick auf die Motivation Einheitlichkeit besteht, unterscheiden sich die Modalitäten, mit denen die Einsichten gewonnen werden: Bei der Religion sind es Offenbarungen, Intuition, Visionen etc. die zu empirisch nicht beweisbaren Glaubenssätzen führen; bei den positiven Wissenschaften sind es Messungen und Experimente, die zu Einsichten und Gewissheiten führen, die Sachverhalte zu verstehen erlauben, die idealtypisch mit Hilfe erkannter Geset-

Elfter Brief

ze Voraussagen über zukünftige Zustände ermöglichen und damit ihre »Richtigkeit« beweisen. Gleich auf welchem Weg die jeweiligen Weltbilder zustande kommen, sie entspringen oder entstehen in **einem** Gehirn, sie sind ein und derselben Vernunft teilhaftig und müssen vor ihr verantwortbar sein. Von hier aus lässt sich das Bemühen um eine Kohärenz der Anschauungen verstehen, die in ihrer Gesamtheit das Weltbild des Einzelnen, aber des weiteren auch einer Gemeinschaft ausmachen. Es ist – um eine modische Formulierung zu verwenden – kein »triviales« Problem, das unsere Aufmerksamkeit gefunden hat!

ZWÖLFTER BRIEF

Tübingen, Mitte Juli 2010

Lieber D. S.,

Es gibt eine aufregende Neuigkeit: Die Briefe sollen veröffentlicht werden! Natürlich erfreulich, dass die Beschäftigung mit dem Thema das in unserem früheren, in unserem »ordentlichen« Berufsleben stets angestrebte Ergebnis finden soll, nämlich gedruckt zu werden, auch wenn damit für mich einige Arbeit verbunden ist: Glücklicherweise gibt es Kopien der Briefe (dem PC sei Dank!), ich kann sie daher redigieren, und ich will – alten Gewohnheiten folgend – in einem Anhang auch einige Literatur aufführen.

Interessieren wird Dich, dass die Aussicht auf eine Veröffentlichung der »Briefe« sich motivierend auf die Bereitschaft ausgewirkt hat, eine abschließende Diskussion zu führen und dabei u. a. wenn irgend möglich zu einer die potentiellen Leser befriedigenden Antwort auf die Frage nach der Kohärenz (hinter der bei mir letztlich die Frage nach dem Verhältnis von positiver Wissenschaft und religiösem Glauben steht!) zu kommen.

Bevor ich Dir über dieses letzte Gespräch berichte, in dem wir im vertrauten Freundeskreis eine Antwort auf diese Frage suchten, noch eine kurze Bemerkung zur Veröffentlichung

Zwölfter Brief

der Briefe: Sie sind an Dich gerichtet, doch gehe ich davon aus und hoffe, dass Du keine Einwände gegen die Veröffentlichung hast. Zwar wurden Deine Antworten nicht in die Dokumentation aufgenommen, aber sehr wohl etliche Deiner Aussagen, sei es in indirekter Rede, sei es wörtlich. Das dürfte indes Dein »informationelles Selbstbestimmungsrecht« nicht verletzen. Liege ich da richtig?

Am Anfang ging es in den Briefen um Dawkins, ging es um seine provozierenden Thesen über Gott, an denen ich zunächst einen gewissen Gefallen fand. Das verlor sich im Laufe der Befassung mit den einschlägigen Gegenständen und machte einer Haltung Platz, die der Religion die ihr aus vielerlei Gründen gebührende Achtung zukommen lässt.

So sind meine Briefe im Unterschied zum Dawkinsschen Buch keine Ausführungen gegen Religion und Gott, weder von der Intention, noch von den Ergebnissen her. Es wird vielmehr vorurteilsfrei nach den Ursprüngen und dem Charakter von religiösen Glaubensinhalten gefragt und es werden die positiven Effekte der als biologisch bedingt aufgefassten religiösen Fiktionen für die Gemeinschaft und den Einzelnen herausgestellt.

Die »Briefe« erscheinen in einer Zeit, in der die Kirchen als religiöse Institutionen und eine Reihe ihrer Funktionsträger verschiedensten Vorwürfen ausgesetzt sind. Dies hat u. a. zur Abwendung einer bedeutenden Zahl von Gläubigen von den Kirchen geführt (eine Entwicklung, die unverändert anhält: Die Zahl der Kirchenaustritte stieg von 2007 = >94.000

Zwölfter Brief

auf 2008 = ca. 121.000, auf 2009 = 123.700 Personen. Im Jahr 2009 besuchten nur noch 13% der nominellen Katholiken an den beiden »Zählsonntagen« den Vorabend- oder Sonntagsgottesdienst nach 1990 = 22%[31]) und den ohnehin beobachteten Trend zu einer Säkularisation speziell in der »westlichen« Welt verstärkt: Im Laufe vor allem des vorigen Jahrhunderts hat die Religion als ein Ansatz des Weltverständnisses, zumindest soweit Europa in Frage steht, unübersehbar an Bedeutung verloren, wie zu erwarten, nicht aber die ihr zugrundeliegende Religiosität als für ihre Realisierung verantwortliche Kraft. Sie sucht sich nun neue Inhalte und findet sie im Sozialen etwa als Streben nach Gerechtigkeit oder im Politischen beispielsweise im Bemühen um Nachhaltigkeit und einen weiteren wissenschaftlichen Fortschritt. Unberührt davon bleibt aber die Religion für viele auch ein Weg, zu einer Antwort auf Fragen zu kommen, die – möglicherweise nur »bisher« – nicht befriedigend in Begriffen der Naturwissenschaften vorliegen, aber vielleicht auch nie von ihnen gegeben werden können, Fragen, die letzten Endes jeder Mensch sucht: »Woher kommen wir?«, »wohin gehen wir?«, »was dürfen wir hoffen?«, »was sollen wir tun?«

Es kommt ein verwirrendes Bild zustande: Neben einem »Entweder – Oder« gibt es offenbar ein »Sowohl-als-auch«. Wichtiger aber: Kann es heute überhaupt noch ein einheitliches, eben ein wirklich kohärentes Weltbild geben, das Elemente aus beiden Erfahrungsbereichen widerspruchsfrei vereint?

Zwölfter Brief

Am Anfang des menschlichen Weltverständnisses standen Animismus und Animatismus, beide führen zu kohärenten Weltinterpretationen: Alle Phänomene konnten auf die durchgängige Belebtheit der Natur oder das Wirken personifizierter Kräfte in ihr zurückgeführt werden. Wenn man einmal begonnen hat, die Welt so zu sehen, lassen sich auch neue Erscheinungen und Erfahrungen in gleicher Weise deuten und in das Weltbild einordnen. Die ungeheuer zahlreichen und vielseitigen Elemente der Wirklichkeit, die man einzeln unmöglich erfassen und deuten kann, lassen sich damit überschaubar machen, die Komplexität wird reduziert und das vorderhand Unbekannte und daher Bedrohliche verliert durch die Möglichkeit seiner Einordnung in das bestehende Weltbild seine Schrecken. Es ist diese frühe Form des Glaubens schon ein Beispiel für Kontingenzbewältigung, die in mehreren Briefen als wesentliche Funktion der Religion hingestellt wurde.

Zufällige Erfahrungen, die gleichsam natürlich, also ohne das Wirken von den Dingen innewohnend gedachten Kräften erklärt werden können, dürften zum Zweifel an Details des gültigen Weltbildes geführt, Anlass zu neuen Interpretationen gegeben und im Laufe der Zeit den Entwurf einer von der ursprünglichen abweichenden »Theorie« zur Folge gehabt haben.

Mir ist bewusst, dass dies auch nur eine »Theorie« ist, mit der ich versuche, das zu erklären, was dann Jahrhunderte und Jahrtausende später unter ganz anderen, im Zuge der kulturellen Evolution entstandenen Bedingungen und auf dem

Zwölfter Brief

ungleich höheren Niveau einer hoch differenzierten Religion abgelaufen ist: Das Aufkommen von Skepsis an der Wahrheit tradierter Glaubensvorstellungen durch ihnen entgegenstehende Erfahrungen und Einsichten. Es gibt keinen vernünftigen Grund anzunehmen, dass sich Reaktionsweisen des rezenten Menschen geändert haben sollten, nur ist heute an die Stelle zufälliger Erfahrungen die systematische Suche nach beweisbaren Einsichten und Erklärungen für die Wirklichkeit mit Hilfe der Wissenschaft getreten.

Die Ablösung des Einen durch das Andere war und ist kein harmonischer Prozess; der Mensch will ja glauben und hatte speziell in unserem Kulturkreis mit dem Christentum ein im Laufe von Jahrhunderten mit großer Mühe und Sorgfalt entworfenes Gedankengebäude, in dem die Welt, wie sie entstand und alles, was in ihr geschah und dem Menschen widerfuhr, eine Entsprechung fand. Die Bildhaftigkeit der Erklärungen und deren Vorstellbarkeit in Raum und Zeit machten sie für die Masse der Menschen verständlich und glaubhaft – und jeden, der nicht an sie glaubte, zu einem Außenseiter oder gar Ketzer. G. W. hat in einem unserer Gespräche die Aussage von Charles Taylor zitiert, dass es im 15. Jahrhundert selbstverständlich war, an Gott zu glauben, während das heute nicht der Fall ist, dass – beispielsweise in Deutschland – nach einer aktuellen Forsa-Umfrage 73% im Westen und nur noch 31% im Osten an Gott glauben.

Diese auffallend unterschiedlichen Zahlen verweisen auf die überragende Bedeutung der Sozialisation für die Akzeptanz und Verinnerlichung eines Glaubens: Die Lebens- und da-

Zwölfter Brief

mit auch Sozialisationsbedingungen in West und Ost wichen in der Zeit zwischen dem Ende des Krieges und der Wiedervereinigung in vielerlei Hinsicht voneinander ab, was die Unterschiede erklärt. Nun muss der Verlust an Zustimmung zum überkommenen Glauben aber einen Grund haben und der ist – abgesehen von der religionsfeindlichen Haltung in kommunistischen Regimen – ganz entscheidend in den Folgen wissenschaftlicher Errungenschaften (beispielsweise die durch Ovulationshemmer geförderte sexuelle Emanzipation) sowie in wissenschaftlichen Aussagen selbst zu sehen: Sie betreffen nicht einfach nur Korrekturen in der Sache – z. B. das Alter der Erde –, sondern viele berühren tiefgreifend das Selbstverständnis des Menschen und auf diesem Weg auch sein Verhältnis zu Gott und die Überzeugung, Objekt seiner Schöpfung zu sein. Man denke an die Aufgabe des heliozentrischen Weltbildes durch die Erkenntnisse von Kopernikus, Kepler und Galilei, an die Verletzung des Selbstwertgefühls des Menschen durch die Einsichten von Freud in die Bedeutung des Unbewussten und den Nachweis der Herkunft des Menschen aus tierartigen Vorstufen durch Darwin.

Wissenschaftliche Vorstellungen mögen zunächst mit aller Macht abgelehnt oder irgendwie feinsinnig mit bisherigen Glaubensaussagen kompatibel gemacht werden, oder aber man weist dem gottgeschaffenen menschlichen Geist den Zweck zu, eine Brücke von wissenschaftlichen Aktivitäten zur Religion zu schlagen, in deren Institutionen sie ja früh eine Heimat gefunden hatten. Im Laufe längerer Zeiträume aber lockern einschlägige wissenschaftliche Erkennt-

Zwölfter Brief

nisse durch die Popularisierung der Wissenschaft die Verbindlichkeit von mit ihnen unvereinbaren Glaubensinhalten.

Langwierig ist dieser Prozess deshalb, weil sich Grundüberzeugungen zäh halten und überdies das öffentliche Leben noch bis heute durchdrungen ist von religiös gefärbten Vorstellungen, sowie ja auch religiös basierte Werte unverändert Bedeutung für die soziale Wirklichkeit haben: Sie helfen, gesellschaftsförderliches Verhalten zu begründen (Solidarität und Caritas), sie können Barrieren gegen gesellschaftsschädigendes (Schuld und Sühne) sein. Das alles ändert nichts daran, dass der aufgeklärte und gebildete Zeitgenosse kein kohärentes Weltbild mehr haben kann, in dem alles seinen festen Ort hätte und seine metaphysische Begründung fände.

Dieser Verlust an Kohärenz und die Fragmentierung des Weltbildes schwächt nicht nur die Orientierungsmöglichkeiten des Einzelnen, sondern auch den inneren Zusammenhalt einer Gesellschaft, der wesentlich auf gemeinsamen Vorstellungen über die Welt, über Leben und Tod beruht.

Wohin uns das noch führen wird, kann niemand sagen; alle Vorhersagen über die weitere wissenschaftliche und die durch sie mitbestimmte soziale Entwicklung sind intellektuelle Spielereien ohne jeden praktischen Wert: Sowenig wie das Auftreten der Menschen als Ergebnis der biologischen Evolution hätte vorausgesagt werden können, sowenig lässt sich das Ergebnis der kulturellen und damit auch der wissenschaftlichen Evolution vorhersagen. Wir sind Zeugen und Objekte eines Prozesses, der, um den eingängigen Titel ei-

Zwölfter Brief

nes Buches des Biochemikers und Genetikers Jacques Monod zu verwenden, aus »Zufall und Notwendigkeit« unbekannte, ja sogar unvorstellbare Zustände herbeiführen wird – eingeschlossen die Möglichkeit eines apokalyptischen Endes unserer Welt.

Mit Staunen wird man gewahr, dass die Seher in fernen Zeiten schon erkannten, welche Gefahren darin liegen, vom Baum der Erkenntnis zu essen!

ANHANG

1 Richard Dawkins: Der Gotteswahn, Ullstein, Berlin 2007.
2 Richard Dawkins: Geschichten vom Ursprung des Lebens. Eine Zeitreise auf Darwins Spuren, Ullstein, Berlin 2008.
3 Kants Werke, Akademie Textausgabe, VI, Die Religion innerhalb der Grenzen der bloßen Vernunft, de Gruyter, Berlin 1968.
4 Nathaliel Micklem: Religion, Oxford University Press, London 1948.
5 Helmuth Plessner: Die verspätete Nation, über die politische Verfügbarkeit bürgerlichen Geistes, 3. Aufl., Suhrkamp, Frankfurt am Main 1988.
6 Michael Arnold: Sinn und Grenzen der Wissenschaft, Verh. Anat. Ges. 78 (1984), 653-660.
7 Rüdiger Vaas / Michael Blume: Gott, Gene und Gehirn, Warum Glaube nützt. Die Evolution der Religiosität, Hirzel, Stuttgart 2009.
8 Charles Darwin: Die Abstammung des Menschen, Fischer, Frankfurt am Main 2009.
9 Bill Bryson: Eine kurze Geschichte von fast allem, Goldmann, München 2006.
10 Stephen Hawking: Das Universum in der Nussschale, dtv, München 2003.
11 »Darwin an der Schwelle«, Bericht einer Konferenz der katholischen Kirche in Rom, FAS v. 8. März 2009, 61.
12 William McDougall: Aufbaukräfte der Seele, 2. Aufl., Thieme, Stuttgart 1947.
13 Friedrich Nietzsche: Werke in zwei Bänden, Hrsg. Karl Schlechta, Hanser, München 1955.
14 Helmuth v. Glasenapp: Die fünf Weltreligionen, Diederichs, München 1991.

Anhang

15 Rudolf Bultmann in seinem von der FAZ vom 24. Juni 2009 zitierten Aufsatz »Welchen Sinn hat es, von Gott zu reden?«

16 Ernst Peter Fischer: Das große Buch der Evolution, Fackelträger, Köln 2008.

17 Charles Percy Snow: Die zwei Kulturen, Klett, Stuttgart 1967.

18 Martin Bojowald: Zurück vor den Urknall, Fischer, Frankfurt am Main 2009.

19 Bertrand Russell: Philosophie des Abendlandes, 4. Kapitel, Die Katholische Philosophie, Europa, Wien 1975, 377ff.

20 Sam Harris: Brief an eine christliche Nation. Eine Abrechnung mit dem religiösen Fundamentalismus. Bertelsmann, München 2008.

21 Franz Diekamp: »Katholische Dogmatik nach den Grundsätzen des heiligen Thomas«, 3 Bde., 6. vermehrte und verbesserte Aufl., Bd. 2, Aschendorff, Münster 1930.

22 Peter Janich: Kein neues Menschenbild. Zur Sprache der Hirnforschung, Suhrkamp, Frankfurt am Main 2009.

23 Rudolf Eisler: Handwörterbuch der Philosophie, 2. Aufl., Mittler und Sohn, Berlin 1922.

24 Richard Dawkins: Das egoistische Gen, Springer, Berlin/Heidelberg/Hamburg 1978

25 Magnus Striet (Hrsg.): Wiederkehr des Atheismus – Fluch oder Segen für die Theologie? Herder, Freiburg 2008.

26 Martin Kessler: Gott – warum wir ihn (nicht) brauchen, in: Magnus Striet (Hrsg.): Wiederkehr des Atheismus.

27 Ludwig Wittgenstein: Tractatus logico-philosophicus, Logisch-philosophische Abhandlung, 6. Aufl., Suhrkamp, Frankfurt am Main 1969.

28 Antonio Loprieno: Von evolutionärer Kulturforschung, Rektoratsrede 2009, Schwabe, Basel 2009.

29 Benedikt XVI.: Glaube, Vernunft und Universität. www.vatican.va/holy_father/benedikt_xvi/speeches/2006/september/document/hf.

Anhang

30 Nassim Nicholas Talib: Der Schwarze Schwan, Die Macht höchst unwahrscheinlicher Ereignisse, dtv, München 2010.
31 www.dbk.de: Eckdaten kirchlichen Lebens in den Bistümern Deutschlands, 2010.

INHALT

Vorbemerkung 5

Erster Brief 9

Zweiter Brief 21

Dritter Brief 33

Vierter Brief 47

Fünfter Brief 67

Sechster Brief 75

Siebenter Brief 89

Achter Brief 103

Neunter Brief 113

Zehnter Brief 123

Elfter Brief 139

Zwölfter Brief 145

Anhang 153